GJSJ 国家审计系列丛书

民生审计

MINSHENG SHENJI

孟金卓 王晓丹 / 编

中国财经出版传媒集团
中国财政经济出版社

图书在版编目（CIP）数据

民生审计 / 孟金卓，王晓丹编 .-- 北京 ：中国财政经济出版社，2023.8

（国家审计系列丛书）

ISBN 978-7-5223-2341-1

Ⅰ.①民… Ⅱ.①孟… ②王… Ⅲ.①社会保障—审计—研究 Ⅳ.①F239.4

中国国家版本馆 CIP 数据核字（2023）第 118807 号

责任编辑：陆宗祥　　　　责任印制：张　健

封面设计：卜建辰　　　　责任校对：徐艳丽

中国财政经济出版社出版

URL：http：//www.cfeph.cn

E-mail：cfeph @cfemg.cn

社址：北京市海淀区阜成路甲 28 号　邮政编码：100142

营销中心电话：010-88191522

天猫网店：中国财政经济出版社旗舰店

网址：https：//zgczjjcbs.tmall.com

北京财经印刷厂印刷　各地新华书店经销

成品尺寸：185mm × 260mm　16 开　9.75 印张　180 000 字

2023 年 8 月第 1 版　2023 年 8 月北京第 1 次印刷

定价：49.00 元

ISBN 978-7-5223-2341-1

（图书出现印装问题，本社负责调换，电话：010-88190548）

本社质量投诉电话：010-88190744

打击盗版举报热线：010-88191661　QQ：2242791300

前言
PREFACE

本书是南京审计大学组织编写出版的国家审计系列丛书之一，重点介绍“民生审计”这一重要的国家审计业务。审计机关自成立以来，始终坚持以人民为中心，竭力维护广大人民群众的根本利益。从审计工作的出发点与落脚点来看，审计机关各个业务部门（处室）开展的全部审计项目都致力于更好地推动实现好、维护好、发展好最广大人民根本利益。本书所指的民生审计是指审计机关依法对与人民群众利益最为密切的民生资金、项目和政策进行的审计监督。

民生事务事项量大、点多、面广，且下沉到人民群众身边，导致民生审计工作任务繁重、内容广泛、影响重大，日益成为审计机关尤其是区县审计机关的重要业务。尤其是党的十八大以来，《“十三五”国家审计工作发展规划》及《“十三四”国家审计工作发展规划》单独将民生审计与财政审计、金融审计、企业审计等传统的重点审计业务相提并论，专门作出明确的工作部署。各级审计机关聚焦民生热点、难点、痛点事项，在持续推进科教兴国、人才强国、乡村振兴等重大发展战略方面作出了重要贡献。

本书旨在为审计学专业国家审计方向（领域）的学生提供普及型的民生审计知识。本书共九章，除了第一章专门就民生审计相关背景知识与理论知识进行介绍之外，第二章至第九章分别就扶贫、涉农、社保、教育、科技、文化、卫生、突发性公共事件等民生审计业务的传统领域及前沿热点进行介绍。从第二章开始，各章均按照某一细分领域的审计概述、审计内容、典型问题及微案例的体例进行编写，力求以通俗的语言介绍民生审计业务。

本书第一章至第四章以及第九章由孟金卓博士编写，第五章至第八章由王晓丹博士编写。由于个人能力所限，文中必然还存在不少纰漏之处，敬请读者谅解，也欢迎提出宝贵意见。

编者

2023年6月

目录
CONTENTS

第一章　民生审计导论……………………………………………… 001

第一节　民生与民生审计 ……………………………………………… 001

第二节　民生审计基础知识 …………………………………………… 006

第三节　民生审计基础理论 …………………………………………… 009

本章参考文献 ………………………………………………………… 011

第二章　扶贫审计………………………………………………… 013

第一节　扶贫审计概述 ………………………………………………… 013

第二节　扶贫审计主要内容 …………………………………………… 015

第三节　扶贫审计发现典型问题 ……………………………………… 020

第四节　扶贫审计微案例 ……………………………………………… 026

本章参考文献 ………………………………………………………… 030

第三章　涉农审计………………………………………………… 031

第一节　涉农审计概述 ………………………………………………… 031

第二节　涉农审计主要内容 …………………………………………… 033

第三节　涉农审计发现典型问题 ……………………………………… 035

第四节　涉农审计微案例 ……………………………………………… 043

本章参考文献 ………………………………………………………… 046

第四章　社会保障审计…………………………………………… 047

第一节　社会保障审计概述 …………………………………………… 047

第二节　社会保障审计主要内容 …… 049
第三节　社会保障审计发现典型问题 …… 051
第四节　社会保障审计微案例 …… 057
本章参考文献 …… 061

第五章　教育审计 …… 063

第一节　教育审计概述 …… 063
第二节　教育审计主要内容 …… 065
第三节　教育审计发现的典型问题 …… 071
第四节　教育审计微案例 …… 075
本章参考文献 …… 081

第六章　科技审计 …… 082

第一节　科技审计概述 …… 082
第二节　科技审计主要内容 …… 084
第三节　科技审计发现的典型问题 …… 090
第四节　科技审计微案例 …… 093
本章参考文献 …… 097

第七章　公共文化审计 …… 099

第一节　公共文化审计概述 …… 099
第二节　公共文化审计主要内容 …… 102
第三节　公共文化审计发现的典型问题 …… 107
第四节　公共文化审计微案例 …… 110
本章参考文献 …… 114

第八章　公共卫生审计 …… 116

第一节　公共卫生审计概述 …… 116
第二节　公共卫生审计主要内容 …… 119
第三节　公共卫生审计发现的典型问题 …… 125

第四节　公共卫生审计微案例 …… 130
本章参考文献 …… 136

第九章　突发公共事件审计 …… 137

第一节　突发公共事件审计概述 …… 137
第二节　突发公共事件审计主要内容 …… 140
第三节　突发公共事件审计典型问题 …… 142
第四节　突发公共事件审计微案例 …… 146
本章参考文献 …… 149

1 Chapter 第一章 民生审计导论

第一节　民生与民生审计

一、“民生”的内涵

“民生”是独具中国风格并为中国人广泛使用的概念，本质上是生活在这个社会中的人们的群体意识，揭示着这个社会普遍关注的生存问题以及对美好生活的追诉。“民生”是一个扬弃福利及福社的范畴，它描述了民众的生活状态，体现社会生活的总体要求，蕴含着社会治理规范，寄托着人们的生活理想。它所要建设的项目与内容、目的及任务在各个历史发展阶段的表现形式与表现方式并不完全一致，因而具有历史性与现实性相统一的特性。但是，作为社会治理的重要手段，民生体现了治国理政理念、规范与目标，通过各种民生政策的施行以实现“王道得行”的昌明社会。民生也是浸润中国文化的概念表达，是对日常生活的文化提炼，是民族生存文化的描摹与独特性表达，体现出纵向文化关系及结构，是中国文化在日常生活中的集中表现，浸润着我们的生存主张与生活追求，具有鲜明的时代性特征。它要求从国家治理体系及治理能力现代化高度不断完善与时偕行的福利项目，回应并解决民众的生活关切，让民众共享经济社会的发展成果，这是全面建成小康社会的逻辑要求与实践必然，昭示出民族复兴的社会担当与责任要求。

中国的民生不仅揭示了整个社会大众的生活状况，寄托着民众的生活向往，而且蕴含着国家的治理方略及治理目标，展示着我们这个民族的共同理想，承载着民族复兴的责任担当和理想追求。一方面，民生立足于民众的福社，它从民众普遍关心的衣食住行等福利事项特别是基本的福利需要出发，动员并整合社会力量，与时俱进地建构起福利项目，回应并解决民众的生活关切，让民众共享经济社会的发展成果。另一方面，作为国家的治理方略，民生是治国理政者的社会建构，体现治国理政者的价值观念。一个国家处于不同的发展阶段就会有不同的民生要求，处于较低发展阶段的人们会提出未来社会的理想蓝图，因而民生是人们对社会愿景的勾画与描摹，并据此展开当下的治国理政行动。这表明，民生建设始终要服务于政治建设与政治发展，“民生”是对“福利”及“福祉”等概念的扬弃。从治理角度看，与福利等概念相比，民生是治理本性的回归。透过民生建设可以窥视我们以国为先的治理体系与治理逻辑，充分展示出中国人对美好生活的向往以及对整个社会的理想性期待。

二、新中国民生发展的阶段与成就

回顾新中国70年的发展，在中华民族实现了从站起来（1949—1977年）、富起来（1978—2011年）到强起来（2012—2019年）的三次历史性飞跃的同时，民生工作和民生发展也由此上了三大台阶。

（一）站起来时期（1949—1977年）的民生发展

1949年10月1日，毛泽东同志发出“中国人民从此站起来了”的庄严宣告，当年通过的、具有临时宪法性质的《中国人民政治协商会议共同纲领》提出“为中国的独立、民主、和平、统一和富强而奋斗”的目标。以毛泽东同志为核心的中国共产党第一代中央领导集体坚持自力更生、艰苦奋斗，完成了社会主义改造，实施了计划经济，初步形成了相对独立的工业体系，发展和巩固了农村集体经济，奠定了解决民生问题坚实的经济基础。总之，在新中国站起来的历史时期，民生发展强调自己动手、丰衣足食，确保百姓在一定程度上能够安居乐业、物质生活有保障、基本公共服务初步覆盖。

（二）富起来时期（1978—2011年）的民生发展

1978年，党的十一届三中全会开启了中国经济社会发展的历史新阶段，民生发展进入富起来时期。以邓小平同志为核心的领导集体强调以经济建设为中心，让一部分人先富起来，着力摆脱整体贫困、改善人民生活，逐步实现先富带后富。以江泽民同志为核心的领导集体着眼于保障人民群众的根本利益，大力发展先进生产力，致力于解决生活温饱和迈向总体小康，顺利实现千年目标，完成了改善民生的历史性任务。以胡锦涛同志为总书记的党中央坚持科学发展观，突出强调经济和社会协调发展，着力于完善基本公共服务体系、不断刷新小康社会建设目标，主动赋予民生发展更高的要求。党的十七大报告首次确定基本民生由“5个有所”构成，即学有所教、劳有所得、病有所医、老有所养、住有所居。总之，在新中国富起来的历史时期，中国的民生发展致力于普遍富裕，特别强调先富带后富，通过经济快速增长和社会和谐发展实现充分就业、收入提高、住房宽敞和基本公共服务不断增项。

（三）强起来时期（2012—2019年）的民生发展

在强起来时期，人民对美好生活的向往就是民生改善的前进方向。2015年，习近平主席在党的十八届五中全会第二次全体会议上的讲话鲜明提出了创新、协调、绿色、开放、共享的新发展理念。党的十九大报告把“5个有所”拓宽成“7个有所”，增加了“幼有所育”“弱有所扶”。在强起来时期，全国的民生发展聚焦供给侧结构性改革，特别强调高质量发展，努力使就业和收入分配更加公平、基本公共服务提质增效、百姓的满意度不断增强。

三、习近平民生思想

（一）习近平关于保障和改善民生论述的主要内容

习近平关于民生问题的重要论述科学回答了当代中国涉及人民群众多方面生活和基本权益的内容，包括政治、经济、文化、社会、生态文明等多方面的民生理念。

1.关于保障和改善政治民生的论述

首先，人民当家作主不仅是社会主义民主的本质，更是人民对美好生活向往和自身利益实现的要求。其次，要坚持和完善基层群众自治制度，实现和保障人民的民主权益。再次，要健全各方面监管制度，保证人民在国家政治生活中当家作主。最后，通过健全社会主义法制，让人民在每个司法案件中感受到公平正义，从而实现人民政治民生权利。

2.关于保障和改善经济民生的论述

首先，习近平明确指出了我们经济建设的目的，是要满足人民对美好生活的需要，要不断地改善民生、增进人民福祉，而不是为发展而发展。其次，习近平提倡的新发展理念不仅解决了新形势下中国经济如何发展的根本性问题，而且指明了在经济不断发展背景下，保证最广大人民群众不断享有更多的获得感、幸福感的正确之路。最后，习近平提出的系统扶贫举措是其关于经济民生论述的重要内容。

3.关于保障和改善文化民生的论述

首先，明确社会主义文艺是人民的文艺，必须坚持以人民为中心的创作导向，把文化建设从根本上定位在为人民服务，满足人民群众文化民生的需求上。其次，推进文化体制机制创新，加快构建社会效益放在首位的文化发展环境。最后，提出在新时代使网络更好地为促进和保障文化民生发挥积极作用。

4.关于保障和改善社会民生的论述

首先，就业是最大的民生工程、民心工程、根基工程，必须统筹处理好经济社会发展和促进就业的关系。其次，优先发展教育事业，办好人民满意的教育以教育公平促进社会公平正义。再次，实施健康中国战略，要完善国民健康政策，为人民群众提供全方位全周期健康服务。最后，要按照兜底线、织密网、建机制的要求，全面建成覆盖全民、城乡统筹、权责清晰、保障适度、可持续的多层次社会保障体系。

5.关于保障和改善生态民生的论述

首先，良好生态环境是可持续发展的根本基础，是基本的民生前提，是广大人民群众生活幸福的基本要素。其次，保障民生必须处理好经济发展与生态环境保护的关系，实现经济社会发展与人口、资源、环境相协调。再次，改善和保障民生必须实施生态修复工程。最后，从系统、全面的角度研究生态民生工程。

（二）习近平民生思想的内涵与外延

习近平关于民生系列重要论述的思想内容极其丰富，是立足于让人民幸福的大民生观，涉及了人民美好生活需要及与之相关的各个方面，具有明确且稳定的内涵与外延。

习近平关于民生系列重要论述的思想内涵包括了如下含义：一是不断满足人民的美好生活需要。党的十九大报告作出了中国已经进入社会主义新时代、社会主要矛盾已经转化的重大判断，核心是人民从“物质文化需要”到“美好生活需要”的变化，美好生活需要并非物质财富增长就可以自动解决的，它的满足有赖于社会文明进步与新的制度建构。二是不断促进人的全面发展。在党的十九大报告中，习近平进一步将促进人的全面发展与全体人民共同富裕作为国家发展的最高目标追求。习近平提出“要始终把人民放在心中最高位置，更好地增进人民福祉，推动人的全面发展、社会全面进步。要着眼于满足人民日益增长的美好生活需要，不断朝着全体人民共同富裕迈进。”三是逐步实现全体人民共同富裕。中国人民的共同富裕之路是一个目标清晰但需要渐进的进程，它应当是在全面建成小康社会的基础上，通过全面统筹推进“五位一体”的总体布局和协调推进“四位一体”的战略布局，最终把全体人民领入共同富裕的中国特色社会主义社会。四是构建人类命运共同体。中国在满足本国人民美好生活需要的同时，也在顺应世界各国人民追求美好生活的期盼，通过自身的高质量发展和现代化强国建设来给当代世界特别是广大发展中国家提供新的途径与选择，最终促使国内人民美好生活需要的满足与世界各国人民美好生活需要的满足共达。

习近平关于民生系列重要论述的思想的外延是指人民美好生活需要的不同层次与满足这种需要的供给形态的总和，包括物质需要、精神需要两大类和物质文化需要、美好生活需要两层次，具体目标指向教育、就业、收入分配、社会保障、消除贫困、健康、环境、安全、民主、法治等领域，它们构成了一个内容丰富、逻辑严密的多维度结构体系。

四、新时代的民生审计实践

民生审计因民生问题而产生，是审计工作确立“以民为本”定位的体现。党的十八大以来，各级审计机关开展了一系列民生审计项目，涵盖了民生领域的方方面面，取得了一系列显著的审计成果。从审计结果公告显示的情况来看，国家审计署自2013年至2019年间共实施了18个独立的民生审计项目，同时在24期政策落实跟踪审计项目中组织开展民生审计。民生审计领域包括扶贫、“三农”、就业、社会保障、科技、文化、体育、教育、医疗、救灾等方方面面，其中扶贫审计、涉农审计及社会保障审计是民生审计的主要形式，科技、文化、医疗领域及救灾相关的民生审计项目相对较少（详见表1–1）。

表1–1　国家审计署自2013年至2019年民生审计相关结果公告一览表

公告编号	开展情况	涉及民生领域
2013年第2号公告	独立开展民生审计项目	教育
2013年第29号公告	独立开展民生审计项目	社会保障
2013年第31号公告	独立开展民生审计项目	扶贫
2014年第22号公告	独立开展民生审计项目	社会保障
2015年第23号公告	政策落实跟踪审计项目中开展	涉农、社会保障、救灾
2015年第26号公告	政策落实跟踪审计项目中开展	救灾、社会保障、医疗、科技、涉农
2015年第27号公告	独立开展民生审计项目	社会保障
2015年第28号公告	政策落实跟踪审计项目中开展	教育、救灾、涉农、社会保障、就业
2015年第30号公告	政策落实跟踪审计项目中开展	涉农、扶贫、社会保障、医疗
2015年第31号公告	政策落实跟踪审计项目中开展	就业、社会保障、涉农、救灾、体育
2015年第32号公告	政策落实跟踪审计项目中开展	社会保障、涉农
2016年第1号公告	政策落实跟踪审计项目中开展	社会保障、涉农、教育、扶贫
2016年第3号公告	政策落实跟踪审计项目中开展	扶贫、涉农、社会保障、科技
2016年第4号公告	政策落实跟踪审计项目中开展	扶贫、救灾、就业、涉农、医疗、体育
2016年第7号公告	独立开展民生审计项目	扶贫

续表

公告编号	开展情况	涉及民生领域
2016年第8号公告	独立开展民生审计项目	社会保障
2016年第9号公告	独立开展民生审计项目	社会保障
2016年第11号公告	独立开展民生审计项目	涉农
2016年第28号公告	政策落实跟踪审计项目中开展	涉农、文化、科技、扶贫、就业、医疗、社会保障、教育
2016年第29号公告	政策落实跟踪审计项目中开展	教育、文化、社会保障、扶贫、医疗、涉农
2017年第1号公告	独立开展民生审计项目	社会保障
2017年第2号公告	政策落实跟踪审计项目中开展	扶贫、涉农
2017年第3号公告	政策落实跟踪审计项目中开展	扶贫、社会保障、教育
2017年第6号公告	独立开展民生审计项目	扶贫
2017年第7号公告	独立开展民生审计项目	社会保障
2017年第8号公告	独立开展民生审计项目	涉农
2017年第31号公告	政策落实跟踪审计项目中开展	扶贫、就业、社会保障、医疗
2017年第32号公告	政策落实跟踪审计项目中开展	扶贫
2018年第2号公告	政策落实跟踪审计项目中开展	扶贫、社会保障、医疗、教育、文化、涉农、科技、就业
2018年第45号公告	政策落实跟踪审计项目中开展	扶贫、医疗、教育、涉农、科技、就业、社会保障、文化
2018年第46号公告	独立开展民生审计项目	扶贫
2018年第47号公告	独立开展民生审计项目	社会保障
2018年第48号公告	政策落实跟踪审计项目中开展	扶贫、教育、涉农、文化、医疗、科技、社会保障、教育、就业
2018年第49号公告	政策落实跟踪审计项目中开展	教育、扶贫、科技、涉农、社会保障、教育、就业
2019年第1号公告	政策落实跟踪审计项目中开展	社会保障、科技、涉农、社会保障、就业、医疗、扶贫
2019年第3号公告	独立开展民生审计项目	涉农
2019年第4号公告	独立开展民生审计项目	社会保障
2019年第6号公告	独立开展民生审计项目	涉农
2019年第7号公告	政策落实跟踪审计项目中开展	涉农、社会保障、医疗、就业、社会保障、救灾、扶贫
2019年第8号公告	政策落实跟踪审计项目中开展	教育、涉农、文化、社会保障、医疗、就业、科技、扶贫
2019年第10号公告	政策落实跟踪审计项目中开展	医疗、涉农、教育、社会保障、文化、救灾、科技、扶贫
2020年第1号公告	政策落实跟踪审计项目中开展	教育、就业、社会保障、救灾、涉农、文化、医疗、体育、科技、扶贫

第二节　民生审计基础知识

一、民生审计的定义

民生审计，是指审计机关以维护国家和社会安定和谐为目标，依法对与人民群众利益最为密切的民生资金、项目和政策进行的审计监督。其中，民生资金、项目和政策主要指扶贫、“三农”、就业、社会保障、科技、文化、教育、医疗、救灾等资金、项目和政策。

民生审计是审计机关开展的与保障民生密切相关的审计项目的总称，其内容涉及衣食住行、安居乐业、生老病死等事关人民群众切身利益的敏感问题，社会关注度高。审计过程中，审计机关应注重倾听民众呼声，了解民生热点，真正把民众关注的热点及难点问题作为审计内容，及时向社会公布审计结果，回应社会关切。

二、民生审计的目标

民生审计的目标是促进深化改革、保障和改善基本民生、维护人民利益。审计机关要按照《中华人民共和国国民经济和社会发展第十三个五年发展规划》提出的“坚守底线、突出重点、完善制度、引导预期，注重机会公平，保障基本民生，不断提高人民生活水平，实现全体人民共同迈入全面小康社会”的要求，确保政策要求、预算安排、资金拨付和民生项目落地生根、不断完善和发挥实效，推动提高民生保障水平。

三、民生审计的对象

民生审计的对象主要是各级政府中参与扶贫、“三农”、就业、社会保障、科技、文化、教育、医疗、救灾等民生政策制定与执行、资金和项目管理的行政主管部门与单位，主要包括：发展改革、财政、社会保障、住房与城乡建设、交通、环境保护、教育、卫生、扶贫、农业、水利等部门，以及从事项目施工、建设、监理的企业和事业单位。

四、民生审计的内容

（一）扶贫审计

对精准扶贫、精准脱贫政策措施落实情况进行跟踪审计，开展扶贫资金项目绩效审计，重点审计脱贫工作责任制落实情况，精准扶贫、精准脱贫相关项目实施和资金管理使用情况，维护扶贫资金安全，促进提高扶贫资金使用绩效，促进打赢脱贫攻坚战。

（二）涉农审计

围绕实施乡村振兴战略，关注转变农业发展方式、推进农业结构调整、推进农村一二三产业融合发展、深化农村土地制度改革、实行耕地保护及轮作休耕、提高农业技术装备和信息化水平等重大政策措施落实情况，重点审计政策执行、资金使用、项目实施、资源利用等方面情况，推动涉农资金整合和统筹使用，促进强农惠农政策落到实处。

（三）社会保障审计

以养老保险、医疗保险为重点，对社会保险基金管理使用和投资运营情况进行审计，揭示突出问题和风险隐患，保障基金安全规范运行，促进建立更加公平、更可持续的社会保障制度。围绕新型城镇化目标，对保障性安居工程、住房公积金等住房保障资金、城镇棚户区和城乡危房改造项目进行审计，推动建立健全以政府为主提供基本保障、以市场为主满足多层次需求的住房供应体系。对社会救助、社会福利和优抚安置等方面进行审计，推动健全社会救助体系和社会福利制度，维护社会公平。

（四）教科文卫等领域审计

对教育、科技、文化、医药卫生等领域重点资金和项目的审计，重点监督检查政策落实、资金分配、项目实施等情况，及时反映相关领域改革中的新情况、新问题，促进规范管理、完善制度、提高绩效，推动深化科技管理体制等相关领域改革，健全国家基本公共服务制度，完善基本公共服务体系，提高义务教育、基本医疗、公共卫生、公共设施、公共文化等基本公共服务共建能力和共享水平。

（五）对重大突发性公共事项进行跟踪审计

重点监督检查有关资金、物资的筹集、分配、拨付、使用情况和有关项目的建设推进情况，保障重大突发性公共事项应急处置、预防预警、恢复重建等工作顺利进行。

五、民生审计的特征

民生审计以其“民生特色”成为一种新型的审计业务，除了国家审计独立性、权威性、公正性等一般特征以外，还具有其独有的典型特征：

其一，审计作用的双向服务性。随着经济社会发展，国家对于民生资金和项目的投入日益加大，加强民生审计，有利于促进深化改革、保障和改善基本民生、维护人民利益，实现全体人民共同迈入全面小康社会的共同目标。民生审计既服务于党和国家战略及具体的政府政策决策，具有鲜明的政治性与宏观性，又服务于社会公众，具有鲜明的民本导向性。

其二，审计对象与内容的广泛性。由于民生事项的广泛性，民生审计对象必然涉及不同民生事项的行政主管部门以及与之相关的各级各类企事业单位，必要时可以延伸到审计事项涉及的其他部门或单位。由于同样的道理，民生审计内容必然涉及不同民生领域，“幼有所育、学有所教、劳有所得、病有所医、老有所养、住有所居、弱有所扶”的方方面面都应当纳入审计范围。

其三，审计方法的多样性。民生审计项目不仅采用传统的审计技术方法，还大量采用大数据审计等先进技术，比如社会保障审计中已经广泛应用大数据审计技术。除此以外，民生审计项目还可以针对性地选用一些社会调查方法以便更好地评价民生政策、项目与资金的效益。

其四，审计组织方式的灵活性。民生审计项目“上审下”与“同级审”并存，在具体审计项目安排上，既可以单独开展，也可以与其他审计项目统筹开展。实践中大量审计项目与其他审计项目统筹开展，比如在政策落实跟踪审计平台下安排民生相关政策、项目与资金的审计，或者在相关行政部门负责人的领导干部经济责任项目中安排民生事项的审计。

第三节　民生审计基础理论

一、民生审计的需求理论

民生审计的根本动因是公共受托责任——政府及管理当局接受社会公众的委托，对有限的公共资源进行管理，负有提高公共资源使用效率和效果的责任。政府的公共受托责任具体包括行为和报告两个层面：一方面，政府应当从公众的公共利益出发，管理好公众托付的公共财产，履行好国家和社会公共事务管理职能；另一方面，政府应当向公众及其代表报告其受托责任的履行情况，以解除自己的公共受托责任。国家审计可以对政府公共受托责任履行情况进行重要评价和监督，并且政府信息公开、政府绩效评价、行政问责、政府监督等制度的落实，在很大程度上都依赖于有效的国家审计制度。作为政府行为控制体系中不可缺少的组成部分，国家审计有助于使政府管理社会公共事务的行为不仅符合国家有关的法律法规，而且符合经济性、效率性、效果性、公平性和环保性的要求。

公共受托责任具有丰富的内容，其中最基本的是提供、保障社会公众基本民生需求，并不断满足公众改善物质生活及精神生活的要求。发展民生事业，保障社会公众的基本民生需求是政府及管理当局最基本、最关键的职责，满足社会公众不断增长的民生需求是公共受托责任内涵的发展。随着民主意识的增强，社会公众希望了解受托方是否将公共资源更多、更好地用于民生事业，改善与提高社会民生水平。民生审计是审计机关按照一定的标准和程序，审查和评价民生经济活动的真实性、合法性、效益性，以实现与维护广大人民群众根本利益为目标的一种独立客观的监督、评价和鉴证活动。通过审计的形式，对受托方管理和使用公共资源、提供民生产品及服务的行为与后果及履行公共受托责任情况进行监督、评价与鉴证，是确认与解除公共受托责任最有效的途径之一，因而公共受托责任是民生审计产生的根本动因。

二、民生审计的功能理论

审计功能是指审计在经济社会运行中所表现出来的能力和功效。这种能力和功效通过审计工作表现出来，因此可以判断和衡量其高低，同时也可以通过改进审计工作加以提高。审计的“免疫系统”理论认为，审计系统是国家治理这个大系统中内生的具有预防、揭示和抵御功能，维护国家经济社会健康运行的“免疫系统”。揭示功能是指通过一定的方法与途径向委托人披露和公开代理人履行委托代理责任情况的特性和功能；抵御功能是指审计通过处理处罚、提出审计建议等方式促进健全制度、规范机制、完善体制，防止国家、集体和人民群众利益受到损害；预防功能是指审计凭借其内生性的威慑作用及独立性的优势，对危害国家、集体和人民群众利益的行为进行震慑，及时发现苗头性、倾向性问题并发出预警的特性和功能。

审计的“国家治理”理论认为，国家审计在推动实现国家良治的过程中，其作用主要体现在六个方面：一是为国家治理提供及时、客观和可靠的信息，为评估国家实力、维护国家安全提供科学的决策参考；能够从更高的层面、更广的范围，密切关注经济社会运行中存在的薄弱环节和潜在风险，及时提出针对性建议，切实维护国家安全。二是通过履行法定职责，促进规范权力的配置和运行，促进政府机构和官员依法行使权力，使权力与责任相匹配。三是通过及时和有效地揭露违法犯罪线索，防范和揭露腐败现象，加强反腐倡廉。四是适应民主法治的要求，通过严肃查处违法违规问题，做到有法必依、执法必严、违法必究，促进现行法律法规遵循到位；通过深入分析现行法律法规中存在的漏洞和问题，提出健全和完善的建议，为增强法治观念、加强法治建设、提高法治化水平作出贡献；通过依法公开审计计划、审计过程和审计结果，为社会公众了解政府部门履行职责情况、参与国家治理提供了重要渠道，也推动了国家治理的公开和透明。五是通过加强对涉及民生政策措施贯彻落实情况的审计监督，关注涉及“三农”、城市低收入群众以及教育、医疗、住房和社会保障等民生工程和资金的管理，揭示和反映政策落实不到位和政策目标未实现的问题，纠正严重影响和损害人民利益的问题，保障和改善民生，促进经济社会和谐可持续发展。六是从宏观和全局的角度，分析和反映审计发现的问题，从体制、机制和制度上提出解决问题的建议，从而持续推动国家各领域的改革。

改善民生是国家审计服务国家治理功能的具体表征之一，民生审计则是发挥国家审计改善民生功能的重要形式。民生审计通过加强对事关民生热点问题的审计监督，关注与民生相关的社会保障、教育、医疗、就业、住房等民生项目与资金，揭示和反映落实政策不到位、政策目标未实现以及资金分配、管理方面存在的问题，促进政府和社会各界关注民生、保障民生、改善民生，使国家审计成为维护人民群众根本利益的有力工具。具体而言，民生审计功能主要体现在以下几个方面：一是及时发现并督促纠正民生领域相关政策落实执行、项目建设推进、资金管理使用等方面存在的真实性、合法性及效益性问题，提升相关政策、项目及资金绩效，推进党和国家民生领域大政方针政策目标的实现；二是鉴证民生领域相关信息的真实性，评价民生工作的成效与不足，发现民生领域存在的体制、机制、制度问题，提示民生领域存在的潜在风险，提出审计意见与对策建议，为宏观决策与管理改进提供信息基础与智力支持；三是促进民生领域行政权力的合理配置和规范运行，促进政府机构和官员依法行使权力，防范和揭露民生领域腐败现象，治理腐败问题，尤其是基层“微权力腐败”等直接侵害或影响民众权益的腐败问题；四是推动民生领域相关法律、法规、制度遵循到位，提出健全完善建议，促进民生领域法制建设与法治化水平提升；五是通过审计结果公告等方式披露民生工作相关部门与单位的履职尽责情况，推进民生工作的公开透明，通过年度审计项目计划立项需求调查、审计项目实施过程中的民意反馈等途径为公众参与民生领域国家治理与公共管理提供重要途径。

本章参考文献：

［1］高和荣.民生的内涵及意蕴［J］. 厦门大学学报（哲学社会科学版），2019（04）：96-103.

［2］胡泽君.中国国家审计学［M］. 北京：中国时代经济出版社，2019.

［3］黄燕芬，张志开，杨宜勇.新中国70年的民生发展研究［J］. 中国人口科学，2019（06）：15-31+126.

［4］刘更新，刘晓林.国家审计服务国家治理：功能体系和实现路径［J］. 财经科学，2014（06）：108-114.

［5］刘家义.论国家治理与国家审计［J］. 中国社会科学，2012（06）：60-72+206.

［6］刘笑霞.政府公共受托责任与国家审计［J］. 审计与经济研究，2010（02）：23-31.

［7］马睿.公共受托责任——民生审计产生的根本动因［J］. 财会研究，2009（01）：66-68.

［8］孙伟龙.民生审计内涵与特征分析［J］. 财会通讯，2015（16）：103-105.

［9］温心.国家审计参与民生领域腐败治理路径研究［J］. 市场研究，2019（02）：36-37.

［10］邢晟.国家治理视角下的国家审计功能定位及实现路径［J］. 学术论坛，2012，35（09）：113-117.

［11］徐向真，段曼曼.民生与民生审计——基于审计署2010—2015年民生审计公告［J］. 财会月刊，2018（10）：143-148.

［12］于慧颖.习近平关于民生论述的本质特征及其现实意义［J］. 马克思主义研究，2018（11）：125-134.

［13］郑功成.习近平关于民生系列重要论述的思想内涵与外延［J］. 国家行政学院学报，2018（05）：4-10+187.

［14］审计知识读本编写组.审计知识读本［M］. 北京：中国时代经济出版社，2020.

［15］中国特色社会主义审计理论研究课题组.国家审计功能研究［J］. 审计研究，2013（05）：3-9.

2 Chapter 第二章 扶贫审计

第一节　扶贫审计概述

一、扶贫审计基本概念

扶贫审计是审计机关及时、持续地对扶贫政策、资金、项目开展事前、事中、事后各环节和全过程的审计。在精准扶贫、精准脱贫战略背景下，扶贫审计既是对扶贫资金的管理、分配、使用以及扶贫项目建设、运行等常规扶贫资金的审计，也是对中央精准扶贫、精准脱贫政策落实情况的全过程跟踪审计。扶贫审计将推动扶贫政策落实、规范扶贫资金管理、维护扶贫资金安全、提高扶贫资金绩效作为工作的出发点和落脚点，保障脱贫攻坚目标如期实现，更好发挥审计在党和国家监督体系中的重要作用。

党的十八大以来，审计机关切实贯彻落实“中央统筹、省负总责、市县抓落实”的工作机制，统筹审计资源，全面落实扶贫审计全覆盖和审计质量的主体责任，紧紧围绕脱贫攻坚目标，沿着“政策”和“资金”两条主线，聚焦“精准、安全、绩效”重点，严格执行“三个区分开来”重要要求，推动建立解决问题的长效机制。审计机关创新扶贫审计方式方法，严格遵守各项纪律，持续组织开展扶贫审计，切实推动扶贫政策落实、规范扶贫资金管理、维护扶贫资金安全、提高扶贫资金绩效，确保在2020年以前实现对832个贫困县（含集中连片特困地区县）审计全覆盖。审计机关通过专项审计、跟踪审计等方式，实施了各项扶贫审计项目，采取“上审下”“交叉审”等方式，抽查扶贫资金，入户走访贫困家庭，对贫困县开展审计。审计机关通过审计督促被审计单位追缴被骗取套取或违规使用的扶贫资金、统筹盘活长期闲置资金、加快扶贫项目实施进度、严肃追责问责、制定修订规章制度等方式，推动审计及时整改。[①]

二、扶贫审计目标

扶贫审计围绕精准扶贫、精准脱贫基本方略，突出“精准、安全、绩效”主线，通过揭示脱贫攻坚政策措施落实和扶贫资金分配管理使用中存在的突出问题，推动党中央、国务院关于脱贫攻坚决策部署的贯彻实施，促进精准扶贫、精准脱贫政策措施落地生根，维护扶贫资金安全和规范使用，提高扶贫项目建设运营绩效，促进扶贫项目切实发挥实效，并深入分析发现问题体制机制制度层面的原因，提出改进和加强扶贫资金项目管理、完善相关制度措施的意见和建议。

三、扶贫审计对象

扶贫审计的主要对象是各级各类扶贫工作组织、实施、管理部门及相关企事业单位、行业组织等。以中央为例，主要包括以下几类：

1.政府行政机构：主要有国务院扶贫办、农业农村部、国家发展改革委、民政部、财政部、教育部、科技部、工业和信息化部、国家民委、人力资源社会保障部、自然资源部、生态环境部、住房城乡建设部、交通运输部、水利部、商务部、文化和旅游部、国家卫生健康委员会、国务院国资委、国家能源局、国家林业和草原局、国家广播电视总局等。

2.金融机构及相关监管机构：主要有中国人民银行、中国银行保险监督管理委员会、证监会、开发银行、农业发展银行、农业银行以及承担金融扶贫工作的其他国有商业银行。

3.各类相关群众组织与联合组织：全国总工会、全国妇联、中国残联、全国工商联、供销合作总社等。

4.在扶贫工作中开展基础设施建设的国有企业：中国铁路总公司、国家电网有限公司、中国南方电网有限责任公司等。

四、扶贫审计依据

与扶贫审计相关的审计依据主要有：

《中华人民共和国农业法》；

《中华人民共和国渔业法》；

---

① 参见国家审计署官方网站“审计知识”版块，http：//www.audit.gov.cn/n6/n37/c131051/content.html。

《中华人民共和国就业促进法》；
《中华人民共和国妇女权益保障法》；
《中华人民共和国基本医疗卫生与健康促进法》；
《中华人民共和国劳动法》；
《中华人民共和国职业病防治法》；
《中华人民共和国社会保险法》；
《中华人民共和国老年人权益保障法》；
《中华人民共和国残疾人保障法》；
《中华人民共和国预算法》；
《中华人民共和国土地管理法》；
《中华人民共和国环境保护法》；
《中华人民共和国农村土地承包法》；
《中华人民共和国农民专业合作社法》；
《中华人民共和国农业机械化促进法》；
《中华人民共和国农业技术推广法》；
《中华人民共和国农产品质量安全法》；
《中华人民共和国种子法》；
《中华人民共和国森林法》；
《中华人民共和国草原法》；
《中华人民共和国城乡规划法》；
《中华人民共和国招标投标法》。

此外，党和国家以及扶贫相关职能部门制定了大量法规、规章及方针政策，均可作为扶贫审计依据。

第二节　扶贫审计主要内容

一、突出“精准”，审查扶贫政策措施落实情况

（一）产业扶贫等政策措施落实情况

围绕扶持对象精准、项目安排精准、资金使用精准、措施到户精准、因村派人精准、脱贫成效精准的“六精准”要求，检查中央有关部门和地方贯彻落实产业扶贫、易地搬迁扶贫、教育扶贫、健康扶贫、生态扶贫、金融扶

贫、社保兜底扶贫等精准扶贫、精准脱贫政策措施的落实和进展情况。着力揭露是否存在扶贫规划或政策不衔接、机制不完善、责任不落实、信息不共享等导致政策未惠及贫困人口，影响扶贫政策落实的“最后一公里”问题；着力查处是否存在未聚焦“两不愁、三保障”的任务目标，以脱贫攻坚之名上项目、要资金，发展与脱贫攻坚无关的事项，违规举债形成新的债务风险：加强风险防范，注重揭示脱贫攻坚领域的产业扶贫市场风险、金融扶贫风险等；着力揭示是否在脱贫攻坚中有关生态、税收、土地、电力等优惠政策未落实等问题。

（二）财政涉农资金统筹整合政策措施落实情况

围绕《国务院办公厅关于支持贫困县开展统筹整合使用财政涉农资金试点的意见》要求，关注贫困县是否根据本地实际及时细化纳入统筹整合使用的具体资金范围，是否及时制定统筹整合使用财政涉农资金具体办法和方案，资金拨付是否及时、有无滞留滞拨；关注是否存在统筹整合工作无实质性进展和效果，各管理部门仍然各自为政、“碎片化”分配管理使用扶贫资金，仍以“打酱油的钱不能买醋”“专款专用”或以担心上级监督考核不过关等为借口，造成资金长期闲置难以发挥扶贫效果的问题；关注扶贫及相关涉农存量资金真实性问题，揭示和反映一些地方从预算指标上看扶贫及相关涉农资金大量结存或长时间闲置，实际这些存量资金在国库或专户并不存在，已被挪用于其他领域等问题。

（三）扶贫资金阳光化管理情况

关注各级各部门在扶贫开发工作中贯彻落实政务公开有关要求，推进扶贫资金阳光化管理的情况，是否将扶贫资金政策文件、管理制度、资金分配、工作进度等信息及时向社会公开，公示公开的责任主体、监督主体和公示公开的内容、渠道、方式、时限是否清晰明确，扶贫资金项目行政村公示制度是否流于形式不便于群众了解情况和监督等。在查处基层干部优亲厚友、骗取套取、截留侵占等危害扶贫资金安全和绩效、侵害贫困群众利益的问题后，应倒追扶贫资金项目公示公开程序和制度执行情况，以问题为导向提出建立健全扶贫资金阳光化管理的具体政策建议。

二、突出“安全”，审查扶贫资金管理中的违法违规问题

（一）查处扶贫资金分配过程中的违法违规问题

关注资金分配过程中主管部门和工作人员、镇村干部是否存在优亲厚友，

有无违规超标准、超范围、向不符合条件的主体分配或发放扶贫资金，或向下属企事业单位、关系单位或亲属倾斜等问题；着力揭露单位或领导干部是否存在贪污私分扶贫资金以及利用职权为本人及亲友谋取不当利益等重大违法违纪问题；有无直接或变相以咨询费、评审费、管理费等名义向贫困地区、贫困对象或接受使用扶贫资金的单位、个人违规收费谋取不当利益等以权谋私、贪污受贿等问题。

（二）查处扶贫项目建设领域的违法违规问题

关注有关主管部门领导干部及工作人员，是否存在利用职权干预工程招标投标并从中谋利等问题，揭露通村公路、农村饮水安全、易地扶贫搬迁、土地整治等扶贫建设项目中有无虚假招标、围标串标等行为；关注有关主管部门及领导干部是否存在利用职权插手工程建设，重点揭露有无扶贫建设项目被层层转分包、层层雁过拔毛，有关主管部门及领导干部与施工单位相互串通勾结，对工程进行虚估冒算、虚假验收，导致出现严重质量问题以及项目建设资金被违规侵占等问题。

（三）查处扶贫资金使用的违法违规问题

关注有无相关主管部门失职渎职、审核不严，相关单位、企业或个人利用虚假项目、虚假合同、虚假人员名单等虚报冒领、骗取套取扶贫资金，利用关系向扶贫资金和项目主管部门及其工作人员输送利益违规获得扶贫资金和项目，以及私设“小金库”用于小团体利益甚至被个人贪污私分挪用等重大违法违纪问题关注资金管理使用中有无将扶贫资金违规建设楼堂馆所、职工住宅或搞豪华装修，违规超标准超范围发放人员奖金福利、公款吃喝、招待送礼、公款旅游、挥霍浪费等违反中央八项规定精神要求的问题，揭示和反映一些部门和地方借统筹整合之名乱花钱，违规将扶贫资金用于市政建设、弥补经费支出等非扶贫领域的问题。

三、突出“绩效”，审查扶贫项目建设运营情况

（一）揭露脱贫攻坚领域工作不切实际的问题

严肃揭露一些单位和领导干部在扶贫工作中敷衍塞责，不作为、慢作为、假作为，弄虚作假甚至失职渎职等突出问题；关注是否存在工作不细致导致建档立卡信息不准确、贫困对象识别和判断不精准的问题；揭露是否存在为贫困户“算脱贫账”时扩大了收入计算范围，人为提高了脱贫人数，甚至为追求

脱贫进度，贫困户在产业项目尚未见效、易地扶贫搬迁或危房改造任务尚未完成的情况下“被”脱贫。

（二）揭露产业扶贫项目盲目跟风等形式主义问题

主要揭示和反映产业规划脱离当地实际，搞“一刀切”，不顾贫困地区实际情况和市场需求盲目上项目或简单发钱发物、送钱送物影响扶贫资金绩效，以及“垒大户”“堆盆景”，把扶贫资源集中用到少数能人大户、龙头企业和合作社作为脱贫亮点来宣传，实际未建立紧密的利益联结机制，承诺的吸纳贫困人口就业、帮扶带动贫困户增收等脱贫措施未落实，无法实现扶贫效果等问题。重点查处一些龙头企业、农民合作社有名无实、流于形式，实际由村干部或个别人控制，挂上龙头企业或合作社的牌子，以此享受国家扶持政策，实际成为个人受益或牟利的工具等突出问题。

（三）揭露扶贫审计项目绩效不佳的问题

着重选取整村推进、易地扶贫搬迁、特色产业发展、生态建设、贫困地区生产生活条件和基础设施改善等扶贫开发重点项目，审查项目审批建设的全过程，推进扶贫重点项目落地，揭示长期应开工未开工、应完工未完工等影响扶贫效果的问题并分析原因；关注扶贫项目是否存在因管理不到位、擅自改变项目建设内容，甚至偷工减料、以次充好等原因，导致项目偏离扶贫政策目标或项目质量差、建成后废弃闲置、苗木大量死亡荒废等造成重大损失浪费的问题。

（四）关注定点扶贫、东西部扶贫协作、对口支援及各类社会扶贫资金资源投入管理使用的总体情况

揭示协作资金、帮扶资金、社会扶贫资金是否及时足额拨付到位，帮扶项目是否及时落地和发挥实效，是否形成在扶贫项目安排、资金使用上有效协调协作机制，是否建立完善的帮扶资金管理制度，是否把资金项目重点向贫困村、贫困群众倾斜，是否明确重点将产业合作、劳务协作、人才支援、资金支持瞄准建档立卡贫困人口脱贫精准发力，是否切实发挥“扶真贫、真扶贫、真脱贫”的作用，是否存在一些公司企业打着扶贫旗号实际只为享受贫困地区土地、税收等优惠支持政策等问题，甚至出现将帮扶资金投入到产能过剩、严重污染等产业的问题。

《审计署办公厅关于进一步加强扶贫审计促进精准扶贫精准脱贫政策落实的意见》（审办农发［2016］68号）指出，各级审计机关在扶贫审计中，要紧紧围绕“十三五”期间脱贫攻坚的目标抓好以下工作：

第一，跟踪检查扶贫相关政策落实情况

将精准扶贫、精准脱贫相关政策措施落实情况作为国家重大政策措施落实跟踪审计的重点内容，紧紧围绕扶持对象精准、项目安排精准、资金使用精准、措施到户精准、因村派人精准、脱贫成效精准的“六精准”要求，持续关注各地、各部门贯彻落实产业扶贫、生态保护扶贫、金融扶贫、教育扶贫、医疗救助扶贫、易地搬迁扶贫、社会扶贫、社保兜底扶贫等政策措施的进展和效果，着力揭露和查处责任不落实、机制不完善、方法不恰当，以及不作为、慢作为、假作为等问题，推动整改问责，促进各项政策措施落地生根、不断完善和发挥实效。在推动贫困县统筹整合使用财政涉农资金相关政策落实中，必须牢固树立脱贫实效导向，不仅要推动把“零钱”变“整钱”、“死钱”变“活钱”，更要推动把“整钱”、“活钱”用到建档立卡贫困人口脱贫上，促进提高脱贫成效。

第二，着力揭露和查处重大违纪违法问题

要坚持问题导向，严格区分公与私，坚决查处虚报冒领、骗取套取、截留侵占、贪污私分、挥霍浪费扶贫资金，违反中央八项规定精神和国务院“约法三章”要求，将扶贫资金用于吃喝接待、公款旅游、奖金福利，以及有关主管部门和人员利用职权优亲厚友违规分配扶贫资金等问题，切实维护贫困群众利益。严肃查处借统筹整合之名，搞楼堂馆所、“政绩工程”、“形象工程”等问题，切实保障统筹整合过程中的资金安全和绩效。在审计中，既要揭示一些部门和地方“情况不明决心大”胡乱花钱，造成浪费的问题，也要反映“前怕狼后怕虎”不敢花钱，贻误脱贫攻坚战机的问题。

第三，着力监督检查扶贫资金绩效情况

对扶贫资金审计的重点要看是不是按照中央有关统筹整合使用财政资金的要求使用资金，是不是按照规范程序调整资金用途，是不是把资金真正用到扶贫开发上。要将绩效理念贯穿扶贫审计始终，循着资金流向，从政策要求、预算安排、资金拨付一直追踪到项目和个人，确保扶贫资金安全高效使用。要加大扶贫资金统筹整合使用情况审计力度，坚决支持贫困县围绕本县突出问题，以脱贫攻坚规划为引领，以重点扶贫项目为平台，把专项扶贫资金、相关涉农资金、社会帮扶资金捆绑使用，切实推动各级主管部门将资金项目审批权限完全下放到贫困县，推动贫困县从想方设法“要到钱”转变到下工夫“花好钱”上来。对继续限定财政涉农资金具体用途或干扰统筹整合使用资金，继续以“打酱油的钱不能买醋”、“专款专用”等为借口，造成资金长期趴在账上难以发挥效果的问题，要坚决查处、坚决曝光，促进各级各部门在资金统筹整合使用中积极作为、有效作为，推动贫困县将资金真正用到扶贫开发、用到建档立卡贫困人口脱贫上来，切实发挥扶贫资金的使用效益。

第四，着力监督检查扶贫项目建设运营情况

加大对整村推进、易地扶贫搬迁、特色产业发展、生态建设、村级道路畅通、饮水安全、危房改造、教育卫生等扶贫开发重点项目建设和运营效果的审计力度，重点揭露脱离实际、盲目决策，以及后续管护缺失等原因导致扶贫项目建成后废弃闲置，造成重大损失浪费、重大环境污染和资源毁损等突出问题，促进扶贫重点项目发挥实效。

第五，着力揭示和反映体制机制制度性问题

密切关注扶贫开发工作中出现的新情况新问题，着力揭示和反映阻碍政策措施落实、制约资金整合的体制性障碍和制度性缺陷，积极提出对策建议，促进完善制度机制。同时，要注重发现和总结各地精准扶贫、精准脱贫工作中好的经验做法，积极推广运用。

第三节　扶贫审计发现典型问题

根据国家审计署与地方审计机关公布的扶贫审计结果公告，扶贫审计中发现的典型问题包括以下几方面。

一、扶贫资金相关问题

（一）财政扶贫资金审核不严

《中央财政专项扶贫资金管理办法》（财农〔2017〕8号）第十七条规定：“各地应当加强资金和项目管理，做到资金到项目、管理到项目、核算到项目、责任到项目，并落实绩效管理各项要求。”

典型问题示例

骗取套取扶贫资金

国家审计署2020年第4号公告结果显示，截至2020年3月底，××市及××县由于审核把关不严，6个项目的施工单位通过虚报工程量等方式骗取扶贫资金273.44万元。

（二）改变财政扶贫资金用途

《中央财政专项扶贫资金管理办法》（财农〔2017〕8号）第十条规定：“中

央财政专项扶贫资金（含项目管理费）不得用于下列各项支出：（一）行政事业单位基本支出；（二）交通工具及通讯设备；（三）各种奖金、津贴和福利补助；（四）弥补企业亏损；（五）修建楼堂馆所及贫困农场、林场棚户改造以外的职工住宅；（六）弥补预算支出缺口和偿还债务；（七）大中型基本建设项目；（八）城市基础设施建设和城市扶贫；（九）其他与脱贫攻坚无关的支出。"

典型问题示例

挪用扶贫资金与违规支出

国家审计署2019年第8号公告结果显示，2016年至2019年6月，8个县违规将27305.34万元扶贫资金用于办公用房装修、宾馆建设等非扶贫领域。2017年至2019年6月，2个县存在违规使用扶贫资金发放职工福利、部分村干部违规享受扶贫贷款贴息等问题，涉及资金33.42万元。2017年至2018年，3个县违规将5202.85万元产业扶贫资金和发展村集体经济组织资金出借企业，用于非扶贫领域。

（三）扶贫资金长期闲置

《国务院关于印发推进财政资金统筹使用方案的通知》（国发〔2015〕35号）第七条规定："推进结转结余资金的统筹使用。对结余资金和连续两年未用完的结转资金，一律收回统筹使用。对不足两年的结转资金，要加快预算执行，也可按规定用于其他急需领域，不需按原用途使用的，应按规定统筹用于经济社会发展急需资金支持的领域。从严控制一般公共预算结转项目，可不结转的项目不再结转。地方各级财政除国库集中支付结余外，一律不得按权责发生制列支，已按权责发生制核算的存量资金，要结合当前财政经济形势在两年内使用完毕。"

典型问题示例

资金统筹整合使用工作不到位

国家审计署2017年第6号公告结果显示，贫困县涉农资金统筹整合使用试点工作有待加强，19.54亿元扶贫资金长时间闲置。抽查的158个县中，有119个县财政涉农资金统筹整合试点推进慢，未能按要求及时出台试点方案，或基本还按原渠道、原方式分头申报、实施和管理，一些地方纳入统筹整合的资金不完整、拨付不及时、项目审批权未按要求完全下放到县。由于统筹整合使用不到位等原因，84个县形成闲置资金19.54亿元，有6.23亿元已闲置2年以上未能盘活统筹使用。

（四）违规收费与摊派

《国务院办公厅关于进一步做好减轻农民负担工作的意见》（国办发〔2012〕22号）第二条规定："面向农民的行政事业性收费必须严格按照法律法规和国务院相关规定收取，严禁向农民"搭车"收费或摊派各种费用。"

典型问题示例

违规收费弥补支出

国家审计署2017年第6号公告结果显示，7个单位在扶贫开发工作中违反规定收取项目推广费、设计费等1249.36万元，主要用于弥补经费等支出。

二、扶贫项目相关问题

（一）扶贫项目进度落后

《中共中央 国务院关于打赢脱贫攻坚战的决定》（2015年11月29日）第四节"四、加强贫困地区基础设施建设，加快破除发展瓶颈制约"第十四条规定"加快交通、水利、电力建设。推动国家铁路网、国家高速公路网连接贫困地区的重大交通项目建设，提高国道省道技术标准，构建贫困地区外通内联的交通运输通道。大幅度增加中央投资投入中西部地区和贫困地区的铁路、公路建设，继续实施车购税对农村公路建设的专项转移政策，提高贫困地区农村公路建设补助标准，加快完成具备条件的乡镇和建制村通硬化路的建设任务，加强农村公路安全防护和危桥改造，推动一定人口规模的自然村通公路。加强贫困地区重大水利工程、病险水库水闸除险加固、灌区续建配套与节水改造等水利项目建设。实施农村饮水安全巩固提升工程，全面解决贫困人口饮水安全问题。小型农田水利、"五小水利"工程等建设向贫困村倾斜。对贫困地区农村公益性基础设施管理养护给予支持。加大对贫困地区抗旱水源建设、中小河流治理、水土流失综合治理力度。加强山洪和地质灾害防治体系建设。大力扶持贫困地区农村水电开发。加强贫困地区农村气象为农服务体系和灾害防御体系建设。加快推进贫困地区农网改造升级，全面提升农网供电能力和供电质量，制定贫困村通动力电规划，提升贫困地区电力普遍服务水平。增加贫困地区年度发电指标。提高贫困地区水电工程留存电量比例。加快推进光伏扶贫工程，支持光伏发电设施接入电网运行，发展光伏农业。”

典型问题示例

涉农水利项目进度不达标

国家审计署2017年第8号公告结果显示，342个涉农水利项目进展缓慢，涉及投资143.23亿元。部分地方拨付资金不及时、验收不及时和虚报项目建设进度，涉及金额25.84亿元。

（二）贫困户未受益

《全国“十三五”以工代赈工作方案》（发改地区〔2016〕2541号）第二节“总体要求”第二条规定：“突出重点、精准施策。坚持问题导向和目标导向，瞄准建档立卡贫困村和贫困人口，重点支持集中连片特困地区、革命老区、民族地区和边疆地区以工代赈项目建设。因地施策，以区域性整体贫困问题为切入点，紧紧围绕贫困群众最关心、最直接、最现实的利益问题，提高以工代赈项目建设的针对性和有效性，着力弥补贫困地区基础设施突出‘短板’。”

典型问题示例

以工代赈等扶贫政策落实不到位

国家审计署2017年第3号公告结果显示，7个县的57个以工代赈项目未实现充分吸纳当地贫困户参加工程建设、获取劳务报酬直接增加收入的政策目标。

（三）扶贫项目绩效不理想

《国家能源局 国务院扶贫办关于印发实施光伏扶贫工程工作方案的通知》（国能新能〔2014〕447号）第三节“组织与政策保障”第三条规定“落实相关配套政策。建立国家统筹、地方配套、银行支持、用户出资多种资金筹措机制，统筹电站建设和分布式光伏建设。光伏扶贫优先列入光伏发电年度开发计划，单独下达。电网企业配合做好电网改造等技术支持工作，并按分布式光伏发电政策优先保障并网条件，与用户按月结算电费；协调中央财政安排必要的财政补助资金和贷款贴息资金，各省级政府结合本地财政及贫困地区情况落实配套资金，银行实行低息贷款；鼓励企业提供包括直接投资和技术服务在内的多种支持。”

典型问题示例

光伏扶贫项目未发挥预期效益

国家审计署2016年第28号公告结果显示，2015年，甘肃省选取6个县开展第一批光伏扶贫试点，每个县选取200户建档立卡贫困户建设分布式光伏发电设施，计划于2015年建成。截至2016年5月底，由于建设资金筹措不到位、相关部门工作推动不力等，4个县未完成建设任务。××县虽已建成发电，但由于未落实关于分布式光伏发电户售电可由国家电网公司所属企业开具发票的便民措施等，该县2016年3月24日开始并网发电的200户贫困户尚未获得售电收入4.26万元。

三、扶贫政策相关问题

（一）识别不精准

《国务院扶贫办关于印发〈扶贫开发建档立卡工作方案〉的通知》（国开办发〔2014〕24号）第二条第三款规定：“采取规模控制，各省将贫困人口识别规模逐级分解到行政村。贫困户识别要以农户收入为基本依据，综合考虑住房、教育、健康等情况，通过农户申请、民主评议、公示公告和逐级审核的方式，整户识别。”

典型问题示例

识别不精准

国家审计署2015年第30号公告结果显示，广西壮族自治区××县认定的扶贫对象中，有3119人不符合扶贫建档立卡标准，其中有343人属于财政供养人员，有2454人购买了2645辆汽车，43人在县城购买商品房或自建住房，439人为个体工商户或经营公司。

（二）虚假脱贫

《中共中央办公厅 国务院办公厅印发关于建立贫困退出机制的意见》（2016年4月18日）第三条规定："贫困人口退出以户为单位，主要衡量标准是该户年人均纯收入稳定超过国家扶贫标准且吃穿不愁，义务教育、基本医疗、住房安全有保障。贫困户退出，由村"两委"组织民主评议后提出，经村"两委"和驻村工作队核实、拟退出贫困户认可，在村内公示无异议后，公告退出，并在建档立卡贫困人口中销号。贫困村退出以贫困发生率为主要衡量标准，统筹考虑村内基础设施、基本公共服务、产业发展、集体经济收入等综合因素。原则上贫困村贫困发生率降至2%以下（西部地区降至3%以下），在乡镇内公示无异议后，公告退出。贫困县退出以贫困发生率为主要衡量标准。原则上贫困县贫困发生率降至2%以下（西部地区降至3%以下），由县级扶贫开发领导小组提出退出，市级扶贫开发领导小组初审，省级扶贫开发领导小组核查，确定退出名单后向社会公示征求意见。公示无异议的，由各省（自治区、直辖市）扶贫开发领导小组审定后向国务院扶贫开发领导小组报告。"

典型问题示例

脱贫数字造假

国家审计署2018年第46号公告结果显示，有2个县脱贫数字造假，虚增贫困村收入虚假脱贫，或随意调整脱贫人数，涉及20个村、2343名贫困人口。

（三）扶贫政策效果不佳

《关于创新发展扶贫小额信贷的指导意见》（国开办发〔2014〕78号）第五条规定："加大对贫困地区支农再贷款、再贴现支持力度，引导金融机构扩大对建档立卡贫困户的信贷投放。降低建档立卡贫困农户融资成本。各地可统筹安排财政扶贫资金，对符合条件的贷款户给予贴息支持，贴息利率不超过贷款基础利率（上一年度贷款基础利率报价平均利率平均值）。"《中国银监会 财政部 人民银行 保监会 国务院扶贫办关于促进扶贫小额信贷健康发展的通知》（银监发〔2017〕42号）第一条规定："扶贫小额信贷是为建档立卡贫困户量身定制的金融精准扶贫产品，……扶贫小额信贷要始终精确瞄准建档立卡贫困户，各银行业金融机构要加大对信用良好、有贷款意愿、有就业创业潜质、技能素质和一定还款能力的建档立卡贫困户支持力度。"

典型问题示例

金融扶贫政策打折扣

国家审计署2017年第6号公告结果显示，58个县金融扶贫贷款投放缓慢或投向不精准，部分贫困户未能按规定享受贷款利率优惠和贴息补助，信贷资金未能充分发挥支持贫困对象发展生产和就业创业的作用，涉及贷款本金和贴息资金22.12亿元。

第四节　扶贫审计微案例

微案例一：茶农的60万元扶贫资金躺在账上“睡大觉”[①]

2014年，四川省审计厅派出审计组，对某县级市扶贫资金开展专项审计。在前期对市扶贫移民局、财政局和以工代赈办等扶贫资金管理单位审计中，无论是项目申报、审批，还是资金拨付及管理，都基本符合相关规定。审计组决定对重点资金、重点项目和重点企业进行实地抽查，看看国家扶贫政策的“最后一公里”即项目资金落地执行的情况如何。

审计人员分成3个基层乡村抽查小组，克服山道崎岖、坡陡路远、颠簸晕车等困难，对重点乡镇连片扶贫开发项目进行抽查。针对扶贫项目是否按实施方案执行、补助资金是否及时发放到农户手中、是否达到预期的社会和经济效果等问题，审计人员们深入乡镇、村社，进行实地询问和调查。

一个被分到对该市某村茶叶低改扶贫项目开展实地调查的审计小组，很快发现了问题。在前往项目所在地的路上，该村村长和村支书各骑一辆摩托车，给审计人员随行带路。审计人员却发觉，一路上村长总是采取抄近路的方式，希望能提前到达项目地。当审计人员到达项目实施现场询问当地茶农时，茶农们纷纷回答：“（项目）实施了的”“我们都满意”“肥料和补助款都领到了”“感谢党和政府好政策”……

异口同声的回答，让审计人员心中疑窦顿生：为什么农户们都还不知道审计组的来意，就异口同声地回答问题？更奇怪的是，一些茶农的表情还有些奇怪和别扭。而当审计人员有意询问个别茶农具体细节时，对方的回答支支吾吾，目光不自然地望向旁边的村干部，表现出明显为难的情绪，有的人甚至闭

① 本案例来自国家审计署官方网站“审计要闻”栏目，http：//www.audit.gov.cn/n4/n19/c78379/content.html.

口不再细说。通过这些细节，审计人员判断其中必有隐情！

审计小组决定采取其他审计措施核查其中破绽。“财政扶贫资金实行的是县级财政报账制管理办法，凡是扶贫项目资金支出，均应到县级财政报账。如果有虚假报账，账目上一定能发现蛛丝马迹！”一位审计小组成员介绍说。审计人员立即返回镇财政所，打算从镇财政所向市财政局上报项目资料入手，寻找突破口。通过对报账资料的详细检查，审计人员发现，其中有一张金额10多万元、实物量为50余吨的购买复合肥料发票，开具的销售单位是一名个体户。

“这么大的销售金额，竟然是一家个体户销售的，明显不符合常理！”审计人员马上警觉起来，进一步检查发现，根本没有购买肥料运货单、运费结算单、肥料发放清单等应该具备的关键证明资料。审计人员分析称，很可能存在虚假购置化肥经济事项、报账套取资金的问题！收集相关证据后，审计人员立即对采购经办人进行突击询问，通过讲解有关法规法律开展政策攻心，结果证实，该项目果然没有购买化肥，发票确实是找个体户虚开的。

审计小组又进一步抽查了两个年度发放补助的花名册，发现花名册也存在问题：虽然不同年度的人员顺序有变化，但领取的补助金额和签名字迹两年几乎都一模一样。审计人员立刻找到镇上负责编制补助工资花名册的经办人员进行单独询问，经办人最终交代称，镇干部自行编造补助人员花名册和技术人员的工资名单，统一私刻茶农私章，套取扶贫项目资金。

真相至此大白：茶叶低改扶贫项目根本没有实施，项目补助也没有发放给茶农。截至审计时，通过此方式套取的扶贫资金共计60余万元，仍结存在镇财政所尚未使用。案件引起该市政府及有关部门高度重视。该市纪委迅速启动程序进行处理，被套取的60余万元资金成功追回，如数归还到市财政局统筹用于扶贫项目，14名相关责任人员被追责，其中2名责任人受到党内严重警告处分，12名责任人受到党内警告处分。随后，该市政府和相关管理部门又相继出台了系列规范扶贫项目建设和资金管理的制度和办法。

案例讨论题：

1.如何查验扶贫专项资金使用与项目实施的真实性？

2.套取财政专项资金的常见手段有哪些？

微案例二：扶贫奖励款何以变成“唐僧肉”[①]

2017年3月，根据国家审计署的统一部署，J省审计厅派出审计组，对B

① 本案例来自江苏省审计厅官方网站“审计视野”栏目，http：//jssjt.jiangsu.gov.cn/art/2017/11/17/art_1108_6562793.html.

县2016年落实国家和省重大扶贫政策措施情况进行了审计。审计的重点是产业扶贫、教育扶贫、医疗和养老扶贫、金融扶贫等领域扶贫政策措施落实情况、精准扶贫工作落实情况、扶贫资金管理使用情况、扶贫项目建设和管理情况。

审前调查了解到，B县扶贫工作领导办公室被人力资源和社会保障部、国务院扶贫开发领导小组办公室，联合表彰为2016年全国扶贫系统先进集体。面对这个获得殊荣的被审计对象，进点伊始，审计组7名成员不约而同的想法是——轻松。因为B县在执行扶贫政策方面，是全国的典范。审计组进点一周后的阶段碰头会，汇集到情况也基本证实了大家的预期：B县县委、县政府与各乡镇主要负责人签订责任状，健全领导机制、充实扶贫队伍、健全帮扶机制、完善考核机制，强化各乡镇精准扶贫、精准脱贫的主体责任。县扶贫办等部门通过财政和信贷政策支持低收入农户发展种植、养殖业，对低收入家庭经济困难学生发放助学金，免收高中学杂费，建立对低收入人口患病情况定期报告制度等措施，不断提升精准扶贫的覆盖率，促进低收入家庭增收脱贫。审计组讨论认为，在核实执行政策方面投入的精力可以逐步转移，待收集整理好基本情况后，把审计重点全部集中到资金上来。

审计人员在B县财政局账上看到：2014年至2016年，B县财政收到省财政拨入的2013年至2015年扶贫小额贷款奖励资金1071.63万元，拨付县扶贫办866.52万元，还有205.11万元未拨付。审计人员决定追查该笔资金的使用情况，要求扶贫办提供2014年至2016年扶贫小额贷款奖励资金使用情况的账册资料。

一直雷厉风行、积极配合审计的扶贫办拖拖拉拉了好几天，仍未能按要求提供账册，最后连扶贫办主办会计也只是提供了2015年至2016年的凭证，并非常不好意思地说："我们这账真是套'狗肉账'，乱得很！"

然而，细心的审计人员还是很快就从中梳理出可疑之处：一是审计人员要求其提供2014年度的完整账册，扶贫办给出的解释为原经办的财务人员精神抑郁、去向不明，所以不能提供，多次与县扶贫办进行交涉未果。二是上述奖励资金，扶贫办单独设账核算的举措虽无可厚非，但是客观上回避了预算监督和制约，放大了自由处置权。三是如此乱账，会不会有人从中浑水摸鱼呢？

在多次催要2014年相关凭证未果的情况下，审计工作的开展遇到一些困难，效率也随之下降。审计组召开临时会议，决定对B县扶贫办2015年至2016年的相关支出情况进行审计。审计人员将流水账按照经济科目进行分类，2015年至2016年，县扶贫办账面收到740.26万元奖励资金，同期支出625.4万元，其中：用于扶贫部门工作经费354.09万元、扶贫办招待费支出157.32

万元、2015年福利奖励支出8.63万元、现金支出乡镇农经（扶贫）部门先进集体奖励95.36万元、2016年助学助残等捐赠支出10万元。

对支出情况的梳理，使审计人员疑点更深：一是按照J省相关规定，“扶贫部门获得的奖励资金，作为县级追加年度扶贫开发项目资金投入来源，可适当用于县乡开展扶贫工作经费”。B县的做法恰恰相反，把奖励资金主要用于工作经费，用于扶贫的资金却是微乎其微。二是中央八项规定出台之后，各级政府对公款招待紧之又紧、慎之又慎，而该县扶贫办依然故我，招待费居高不下。三是对乡镇农经部门的奖励，采用大额现金支付，这既不符合规定也不符合常理。

审查的结果让所有人都大跌眼镜：每笔支出虽然经办人、证明人、审批人以及附件都齐全，看似手续完备，程序规范，但仔细核对报销单据后发现，与事实相符的票据寥寥无几，真真假假，虚虚实实，让审计人员如雾里看花。如：凭证报销农工办H某去杭州开招商会招待客商费用，但所附票据居然出现多张千里之外某地的餐饮发票；凭证报销去苏州出差费用，但出现的却是上海的餐饮发票；凭证报销出差费用，所附发票时间却均不在出差期间。

相比之下，用奖励资金违规发放福利的数额就小了很多，且仅发生在2015年，系用于发放扶贫办全体工作人员奖励、生活补贴、工会费用、降暑降温费、取暖费、独生子女奖励等。关于现金支出乡镇奖励的问题，审批手续齐全、有考核文件、有领取人签章，乍一看也似“没有毛病”。但是多年来的职业敏感告诉审计人员，用大额现金支付奖励，这种反常行为的背后一定隐藏着猫腻。

审计人员反复翻阅着B县扶贫办2015年至2016年扶贫小额贷款发放工作先进的奖励文件和奖金分配表：盖着红印章的文件，领取人的签字，领导的签批，单位发文簿上也能够找到对应文件名称，一应俱全，无懈可击。但是通过对比领取人的签字，审计人员发现，一个叫“赵公民”的领取人出现在4张领取表上，但是签字字迹却各不相同。随即，审计人员兵分两路，一路核对各年度奖金领取人的签字，又陆续发现6例类似情况。另一路核对银行对账单，证实同期并没有提取大额现金。

文件造假的迹象越来越明显。审计组正式约谈经办会计，晓以利害，要求其陈述事实，不要在弄虚作假的道路上越走越远。与此同时，要求扶贫办通知所有领取奖励的人员集中开会。经办会计一见审计组已然击中要害，心理防线很快崩溃，主动承认所有的文件资料，都是子虚乌有，目的只有一个，就是套取奖励资金。

审计人员又紧追不放，追问资金去向。对方承认，扶贫办先后4次伪造文件，以表彰2012年至2014年扶贫小额贷款发放工作先进集体名义，虚列支出131.93万元，实际支付给某日用品商店，用于购买烟、酒、土特产及各项招待费支出。至此，加上凭证反映的直接招待支出157.32万元，B县扶贫办两年用于招待等支出289.25万元，一个贫困县，一个23人的小单位，如此贪吃，实属罕见。审计组立即将此情况移送J省纪委作进一步查处。

案例讨论题：

1.公务接待费用报销应该有哪些必要的内部控制？

2.扶贫部门“三公经费”支出的常见问题有哪些？

本章参考文献：

[1] 胡泽君.中国国家审计学[M]. 北京：中国时代经济出版社，2019.

[2] 高健龙，高建伟.精准扶贫政策解读[M]. 北京：中国农业出版社，2019.

[3] 国务院扶贫办政策法规司，国务院扶贫办全国扶贫宣教中心.脱贫攻坚前沿问题研究[M]. 北京：研究出版社，2018.

[4] 李晓园，钟伟.中国治贫70年：历史变迁、政策特征、典型制度与发展趋势——基于各时期典型扶贫政策文本的NVivo分析[J]. 青海社会科学，2020(01)：95-108.

[5] 徐永胜，曹晟.扶贫审计发现违法违规行为定性和处理处罚导引[M]. 北京：中国时代经济出版社，2019年.

[6] 审计知识读本编写组.审计知识读本[M]. 北京：中国时代经济出版社，2020.

3 Chapter 第三章 涉农审计

第一节　涉农审计概述

一、涉农审计基本概念

涉农审计是审计机关对农业农村、扶贫开发以及其他相关公共资金和建设项目开展的审计。“三农”问题是关系党和人民事业发展的全局性和根本性问题，推进农业农村经济又好又快发展是实现我国国家和社会协调良性发展的重要方面。涉农审计凭借其宏观性、独立性、强制性和建设性等特点，在提高涉农资金使用效益、促进强农惠农政策落实、维护农民切身利益、推动经济发展方式转变、有效服务国家治理等方面发挥着独特而重要的作用。

党的十八大以来，审计机关主要组织了扶贫、涉农资金、乡村振兴相关政策和资金、土地出让收支和耕地保护等涉农审计项目。在涉农项目中把资金分配管理使用的效率性、安全性、经济性和涉农政策目标的效果性作为审计重点，关注影响涉农资金使用绩效的体制机制性问题，推动相关部门涉农资金管理绩效评价，促进改革完善涉农体制机制制度，提高财政资金使用绩效。例如，2014年审计署组织审计了29个省本级、200个市本级和709个县级的土地出让收支和耕地保护情况，发现土地出让收支、土地利用和耕地保护等方面的问题。①

二、涉农审计目标

涉农审计围绕乡村振兴战略规划、历年中央“一号文件”及国务院相关

① 参见国家审计署官方网站“审计知识”版块，http：//www.audit.gov.cn/n6/n37/c131053/content.html.

政策提出的工作任务，以“政策”“资金”“项目”为主线，全面排查“三农”领域的突出短板，通过深入揭示机制体制问题和管理漏洞促进相关工作任务目标完成，推动相关政策措施落地见效，提高资金使用效益，推动涉农资金全面预算绩效管理，规范项目建设与运营管理，在加快农业供给侧结构性改革、促进农民增收和乡村振兴中更好发挥审计监督作用。

三、涉农审计对象

涉农审计的主要对象是各级各类涉农工作的组织、实施、管理部门及相关企事业单位、行业组织等。以中央为例，主要包括以下几类：

1.政府行政机构：主要有国务院扶贫办、农业农村部、国家发展改革委、财政部、自然资源部、生态环境部、住房城乡建设部、交通运输部、水利部、文化和旅游部、国家林业和草原局等。

2.金融机构及相关监管机构：主要有中国人民银行、中国银行保险监督管理委员会、国家开发银行、农业发展银行、农业银行以及承担农业保险工作的国有保险公司。

3.在涉农工作中承担基础设施建设、标准化农田建设等相关项目的各类企业与组织等。

四、涉农审计依据

与涉农审计相关的审计依据主要有：

《中华人民共和国农业法》；

《中华人民共和国渔业法》；

《中华人民共和国预算法》；

《中华人民共和国土地管理法》；

《中华人民共和国农村土地承包法》；

《中华人民共和国环境保护法》；

《中华人民共和国农民专业合作社法》；

《中华人民共和国农业机械化促进法》；

《中华人民共和国农业技术推广法》；

《中华人民共和国农产品质量安全法》；

《中华人民共和国种子法》；

《中华人民共和国森林法》；

《中华人民共和国草原法》；

《中华人民共和国城乡规划法》;
《中华人民共和国防沙治沙法》;
《中华人民共和国就业促进法》;
《中华人民共和国招标投标法》。

此外，党和国家以及涉农相关职能部门制定了大量法规、规章及方针政策，均可作为涉农审计依据。

第二节 涉农审计主要内容

一、任务安排和资金分配管理使用总体情况

摸清涉农相关任务目标制定、下达、分解和完成情况，按照政府收支分类科目摸清各类涉农专项资金的预算管理、分配拨付、地方财政配套投入、项目库建设管理，以及工作部署推进、开展监督检查、绩效考核、配套制度建设等总体情况。关注各地、各部门任务目标分解是否科学、合理，有无多头管理、政策衔接和工作协调不畅、层层加码、脱离实际等问题。关注专项资金分配标准是否科学、明确，分配依据是否充分，资金拨付是否及时，预算安排和绩效管理是否一致，综合衡量项目实施、政策执行和预算资金使用效果。关注财政等部门是否按规定进行涉农资金统筹整合，有无滞拨、闲置或借统筹整合之名截留挪用涉农资金，以及以乡村振兴为名违规或变相举债等问题。

二、涉农资金安全绩效情况

围绕高标准农田建设、农村道路建设、农村人居环境整治、乡村公共文化服务供给等涉农事项相关的各级各类资金，从核实项目安排和资金使用真实性入手，关注有无主管部门和工作人员违规设置或指定中介机构参与工程项目建设、优亲厚友、吃拿卡要、谋取小团体或个人私利等问题，是否存在以旧抵新、重复申报、虚假合同等骗取套取涉农项目资金问题，是否存在虚假招标、偷工减料、以次充好、高估冒算和利益输送问题，是否存在项目建设质量差、建成后废弃闲置造成损失浪费等问题。重点揭示骗取套取、侵占挪用、贪污私分、损失浪费等违法违规和群众身边的腐败与作风问题。对骗取套取或违规获得涉农专项资金的行为，要查实申报审批环节各职能部门和工作人员的失职渎职责任，要追查资金最终去向和用途，揭露和查处资金违规流入个人或小团体、被贪污私分等严重违纪违法问题。

三、任务完成及政策目标实现情况

对标对表全面建成小康社会目标，对照上级政府或主管部门以及本级政府确定的全面小康“三农”领域指标，梳理排查突出短板，审查各项约束性任务和指导性任务完成情况、政策措施落实进展情况和政策目标实现情况，揭示和反映规划不衔接、机制不完善、责任不落实，以及不作为、慢作为、假作为等影响政策落实的“最后一公里”问题。重点关注虚报工作进度、任务完成量套取财政补助资金等问题；关注不同渠道安排的项目之间是否存在资金使用分散、政策衔接不畅、未发挥出集合效应和政策合力等问题。由于涉农事项众多，以下仅以部分典型涉农事项为例，介绍其目标任务相关审计内容。

1.高标准农田。围绕加强耕地保护和建设任务，关注高标准农田规划编制、项目管理实施及后续管护情况，重点反映规划和项目库制定不科学、实施整合不到位、配套投入不足、建设标准低质量差或重复统计，以及建成后未及时验收和上图入库、未及时移交、后续管护不到位甚至损毁等问题；关注已建成高标准农田用于粮食生产情况，是否存在“非粮化”甚至“非农化”等问题。

2.粮食和生猪生产保障。围绕保障粮食和生猪等重要农产品有效供给的目标，关注产粮大县奖励、耕地地力保护补贴、生产者补贴、适度规模经营补贴等农业生产发展资金和生猪调出大县奖励、规模化养殖建设补助、能繁母猪补贴、临时贷款贴息等支持恢复生猪生产相关补助资金使用绩效情况及政策目标实现情况，关注稳定粮食产量、加快恢复生猪生产相关政策措施落地情况，反映政策落地“最后一公里”问题和重要农产品有效供给的体制机制困难障碍。

3.农村道路。围绕全面推进“四好农村路”建设，保障农村地区基本出行条件的目标，关注具备条件乡镇和建制村通硬化路、通客车任务落实情况；关注乡道、村道等农村道路建设管理养护、安全防护设施完善情况，揭示多头管理、资金投入分散、部门信息不共享等造成重复建设、工程质量不达标、养护主体不明确、管护不到位等问题；关注基层干部插手工程建设，影响项目建设效果的问题。

4.农村人居环境整治及生态环境治理。围绕农村人居环境整治三年行动确定的重点任务和农村生态环境突出问题治理，关注农村厕所革命、生活垃圾和污水治理等分类有序推进情况和农村黑臭水体治理、畜禽粪污资源化利用、农药化肥减量增效、地下水超采等农村生态环境突出问题治理情况与效果，着重反映论证不充分、违规决策等建设不符合农村发展实际、脱离群众需求的形象工程、政绩工程，搞强迫命令、“一刀切”或违规摊派收费加重群众负担，未建立长效运营机制，建成后闲置废弃，以及存在的形式主义、官僚主义等问题。

5.农村生产生活用电保障。重点关注和反映农村供电质量水平低，农业生产电价优惠政策执行不到位，农村机井通电任务未完成、灌溉用电缺少保障，种植、养殖大户或新型农业经营主体生产用电扩容改造等服务保障不到位等问题。

6.乡村公共文化服务。围绕健全乡村公共文化服务体系、促进基本公共文化服务标准化均等化的目标任务，重点关注基层综合性文化服务中心、文化站、农家书屋、农村文化体育设施、公共数字文化工程、农村广播电视公共服务等乡村公共文化服务体系建设完成及运行维护情况，反映建设未达标、使用效率低、闲置浪费、挪作他用、脱离实际等问题；关注乡村传统文化、传统村落民居保护和乡村特色文化产业发展情况，反映保护制度不完善、保护规划或方案不科学、保护措施效果不理想和虚报套取资金等问题。

第三节 涉农审计发现典型问题

根据国家审计署与地方审计机关公布的涉农审计结果公告，涉农审计中发现的典型问题如下：

一、涉农资金相关问题

（一）涉农资金审核不严

《中央财政现代农业生产发展资金管理办法》（财农〔2013〕1号）第二十一条规定："现代农业生产发展资金应当规范管理，因地制宜推行公示公告制、报账制、政府采购、招投标、工程监理等监管制度，确保资金专款专用，安全有效。"

典型问题示例

骗取套取农林水资金

国家审计署2016年第11号公告结果显示，各地区骗取套取农林水资金5.71亿元。一是16个省的部分单位和个人通过伪造合同等资料、编造名单、重复申请等方式虚报冒领、骗取套取财政资金36407万元。二是部分地方政府的13个主管单位、68个乡镇及16名工作人员利用权力和职务便利，主动参与或协助申报单位和个人作假，导致20697.64万元财政资金被骗取套取，部分公职人员从中侵占财政资金。

（二）改变财政涉农资金用途

《农业部关于加强农业财政专项资金管理的通知》（农财发〔2006〕16号）第四条规定“严禁挤占挪用项目资金。项目单位要按照专款专用的原则使用项目资金，不准用于机构、人员经费开支，不准用于基本建设等支出。项目单位事业经费（或经营资金）与专项资金存于一个银行账户的，货币资金结存量不得低于项目资金的实际余额。”

典型问题示例

挪用涉农专项资金

国家审计署2017年第8号公告结果显示，部分县市和有关单位挤占挪用专项资金17.72亿元，用于与民生无关的支出，其中涉农专项资金12.02亿元。

（三）涉农资金长期闲置

《国务院关于印发推进财政资金统筹使用方案的通知》（国发〔2015〕35号）第七条规定：“推进结转结余资金的统筹使用。对结余资金和连续两年未用完的结转资金，一律收回统筹使用。对不足两年的结转资金，要加快预算执行，也可按规定用于其他急需领域，不需按原用途使用的，应按规定统筹用于经济社会发展急需资金支持的领域。从严控制一般公共预算结转项目，可不结转的项目不再结转。地方各级财政除国库集中支付结余外，一律不得按权责发生制列支，已按权责发生制核算的存量资金，要结合当前财政经济形势在两年内使用完毕。”

典型问题示例

涉农水利资金长期闲置

国家审计署2017年第8号公告结果显示，30.02亿元涉农水利资金统筹整合不到位或长时间未使用，其中4.06亿元闲置2年以上。

（四）贪污腐败与利益输送

《中共中央 国务院关于印发党政机关厉行节约反对浪费条例的通知》（中发〔2013〕13号）第八条规定：“党政机关应当遵循先有预算、后有支出的原则，严格执行预算，严禁超预算或者无预算安排支出，严禁虚列支出、转移或者套取预算资金。严格控制国内差旅费、因公临时出国（境）费、公务接待费、公务用车购置及运行费、会议费、培训费等支出。年度预算执行中不予追加，因特殊需要确需追加的，由财政部门审核后按程序报批。建立预算执行全过程动态监控机制，完善预算执行管理办法，建立健全预算绩效管理体系，增强预算执行的严肃性，提高预算执行的准确率，防止年底突击花钱等现象发生。”

典型问题示例

优亲厚友、以权谋私以及违反中央八项规定精神

国家审计署2016年第11号公告结果显示，2个省个别地区农业、水利部门及其工作人员利用职权插手项目分配，公款私存、优亲厚友，借机谋取小团体和个人利益等8856.89万元。3个省的4个县农林水相关主管部门利用资金分配管理的便利谋取不当利益或违规收费，涉及金额4492.96万元。7个省的地方政府和部门违反中央八项规定精神，720.11万元财政资金被用于购车、工资性支出等。此外，3个省违规获取的农林水专项资金中，还有1329.79万元用于招待支出和滥发福利等。

二、涉农项目相关问题

（一）涉农项目资金投入与配套不足

《国家农业综合开发农民筹资投劳管理规定（试行）》（国农发〔2003〕239号）第九条规定：“土地治理项目逐级报经国家农发办批准立项后，乡级政府应根据批准的项目投资计划、建设内容，将筹资投劳认为分解到各行政村，并将分解到各行政村的筹资投劳方案及整个项目的财政投资总额、筹资及以劳折资额占中央财政投资额的比例报县级农业负担监督管理部门备案。由省级农民负担监督管理部门及时汇总各项目的上述情况，上报农业部农民监督管理办公室备案。”第十条规定：“村民委员会要将分解到受益农户的筹资投劳任务重新张榜公布，并组织落实，农民应自觉履行筹资投劳义务。”

典型问题示例

农民筹资投劳不到位

国家审计署2011年第33号公告结果显示，在9个省区40个县涉及农民筹资投劳的165个项目中，有22个县的44个项目农民筹资投劳不到位

10542.53万元，占计划筹资投劳额的20.81%。例如，××省××市2009年农业综合开发高标准农田建设项目，计划筹资投劳153万元，不到位78万元，占计划筹资投劳总额的50.98%，为满足项目验收要求，相关镇政府还编制了虚假的筹资投劳统计表。

（二）骗取套取涉农项目资金

《国家农业综合开发资金和项目管理办法》（财政部令第29号）第三十五条规定："国家农发办和省级农发机构应按职责分工组织项目评估，对拟建项目可行性研究报告采取定量分析和定性分析相结合，动态分析和静态分析相结合的方法，对项目建设的必要性、技术可行性、经济合理性、资金配套与偿还能力的可靠性进行审查和综合评价，为项目确立提供决策依据。国家农发办和省级农发机构应对产业化经营项目申报单位附报的社会中介机构出具的审计报告、城郊新建项目征用土地的批准文件以及干旱地区中低产田改造项目申报单位附报的水利部门出具的水资源条件鉴定意见等进行审查和评价。项目评估采取专家评议、现场答辩、实地考察等形式。对虚报材料或财务经营状况不清的，实行一票否决。项目评估应建立责任制，明确专业评估人员的评估责任。评估人员应对评估项目的技术可行性、经济合理性等做出客观真实的评价。因评估结论失实影响项目正确决策的，评估人员及其所属评估机构应当承担相应责任。"

典型问题示例

重复申报项目资金

国家审计署2011年第33号公告结果显示，××自治区农业综合开发办公室、××市水务局、××县农牧局及××省××市水利局和财政局通过重复申报多申领644.85万元项目资金，用于抵顶应配套资金和其他水利项目建设等。

（三）改变涉农项目资金用途

《财政部 水利部关于切实加强水利资金使用监督管理的意见》（财农〔2012〕22号）第九条规定："建立健全检查、抽查、验收、总结、考评等管理制度，对水利项目资金使用全过程进行有效监管。各级财政、水利部门要采取日常监督检查与专项监督检查相结合的方式，对水利项目建设、资金使用管理、施工进度和支付进度等情况加强检查监督。水利建设项目建设方案一经审批，不得擅自变更。水利项目应当执行政府采购法和招标投标法的相关规定，强化采购监督，强化水利项目建设监理工作，依据现行规程规范，严格实施监理程序。严格规范水利建设项目资金使用拨付程序，明确责任主体，加快拨付进度。大力推进国库集中支付制度，切实做到专款专用，严禁截留、滞留、转移、挪用资金。积极推行预算审查制和决算评审制。鼓励有条件的地方，引入专业机构参与项目管理与绩效评价。发挥乡镇财政就地就近实施监管的优势，对各级财政安排的水利资金，以及其他部门、渠道下达的水利资金实行全面监管，加强现场巡查、督查工作。”

典型问题示例

项目建设资金未专款专用

国家审计署2011年第33号公告结果显示，2.09亿元项目建设资金未专款专用，而是用于出借、偿还世行贷款和弥补办公经费不足等。例如，××省××县财政局将中型灌区节水配套改造等4个项目建设资金2286.92万元，用于偿还以前年度××项目世行贷款本息。

（四）涉农项目建设运营管理不到位

《中华人民共和国招标投标法》第三条规定：“在中华人民共和国境内进行下列工程建设项目包括项目的勘察、设计、施工、监理以及与工程建设有关的重要设备、材料等的采购，必须进行招标：（一）大型基础设施、公用事业等关系社会公共利益、公众安全的项目；（二）全部或者部分使用国有资金投资或者国家融资的项目；（三）使用国际组织或者外国政府贷款、援助资金的项目。前款所列项目的具体范围和规模标准，由国务院发展计划部门会同国务院有关部门制订，报国务院批准。法律或者国务院对必须进行招标的其他项目的范围有规定的，依照其规定。”

典型问题示例

建设管理违法违规

国家审计署2016年第11号公告结果显示，6个省部分地区涉农建设项目存在招投标程序不规范、违法转包给无资质个人并收取一定比例管理费、违规擅自改变建设内容、虚报投资完成额、多支付项目资金等问题，涉及资金333412.28万元。

（五）涉农项目进度落后

《财政部 水利部关于切实加强水利资金使用监督管理的意见》（财农〔2012〕22号）第九条规定：“建立健全检查、抽查、验收、总结、考评等管理制度，对水利项目资金使用全过程进行有效监管。各级财政、水利部门要采取日常监督检查与专项监督检查相结合的方式，对水利项目建设、资金使用管理、施工进度和支付进度等情况加强检查监督。水利建设项目建设方案一经审批，不得擅自变更。水利项目应当执行政府采购法和招标投标法的相关规定，强化采购监督，强化水利项目建设监理工作，依据现行规程规范，严格实施监理程序。严格规范水利建设项目资金使用拨付程序，明确责任主体，加快拨付进度。大力推进国库集中支付制度，切实做到专款专用，严禁截留、滞留、转移、挪用资金。积极推行预算审查制和决算评审制。鼓励有条件的地方，引入专业机构参与项目管理与绩效评价。发挥乡镇财政就地就近实施监管的优势，对各级财政安排的水利资金，以及其他部门、渠道下达的水利资金实行全面监管，加强现场巡查、督查工作。”

典型问题示例

涉农水利项目进度不达标

国家审计署2017年第8号公告结果显示，342个涉农水利项目进展缓慢，涉及投资143.23亿元。部分地方拨付资金不及时、验收不及时和虚报项目建设进度，涉及金额25.84亿元。

（六）涉农项目绩效管理不规范

《财政支出绩效评价管理暂行办法》（财预〔2011〕285号）第三十三条规定：“财政部门和预算部门应当及时整理、归纳、分析、反馈绩效评价结果，并将其作为改进预算管理和安排以后年度预算的重要依据。”

典型问题示例

绩效管理流于形式

国家审计署2017年第8号公告结果显示，有关部门和地方绩效评价工作开展不到位。一是发展改革委、财政部和水利部等部门对4类涉农水利资金和项目绩效评价工作开展不到位。二是部分地方未按规定对2015年度和2016年度江河湖库水系综合整治等涉农水利专项资金开展绩效评价，未利用绩效评价结果分配有关涉农水利专项资金。

三、涉农政策相关问题

（一）政策统筹力度不够

《国务院办公厅关于支持贫困县开展统筹整合使用财政涉农资金试点的意见》（国办发〔2016〕22号）第四节第五条规定：“中央和省、市级有关部门要及时修订完善各项制度，取消限制资金统筹整合使用的相关规定。贫困县要制定统筹整合使用财政涉农资金具体办法，明确部门分工、操作程序、资金用途、监管措施。对统筹整合使用的资金，贫困县要结合脱贫攻坚规划和各部门专项规划，在农业生产发展和农村基础设施建设范围（即统筹整合使用的财政涉农资金用途）内，提出包括主要目标和具体建设任务在内的资金统筹整合使用方案，认真组织实施。相关资金按上述办法调整用途，各部门应予以认可。贫困县资金统筹整合使用方案确定后，要及时报省级扶贫开发领导小组备案，省级扶贫开发领导小组向中央相关部门通报，各部门要将其作为加强指导、监督问责的重要依据。”

典型问题示例

惠农补贴统筹力度不够

国家审计署2019年第3号公告结果显示，8类惠农补贴分由10余个部门管理，有的接受益人群身份逐级细化，一些地方补贴细项超过100个，散碎交叉情况较为突出。

（二）政策措施低效

《农业支持保护补贴资金管理办法》（财农〔2016〕74号）第四条规定：“县级农业部门、财政部门要按照本省统一要求，共同做好组织实施工作。县级农业部门要认真组织做好本辖区内农业支持保护补贴相关数据审核汇总工作，包括农户基本信息、补贴面积、补贴标准、补贴金额等，并应对补贴给农民的资金进行7天公示。公示无异议后，县级财政部门会同农业部门应按照便民高效、资金安全的原则，及时通过“一卡（折）通”等方式将补贴资金直接发放给农民。”

典型问题示例

惠农补贴发放不及时

国家审计署2019年第3号公告结果显示，120个县的32.12亿元惠农补贴资金滞留延压发放或长时间闲置。主要是由于补贴发放信息核对工作进展慢等，造成当年应发放的耕地地力保护、农村危房改造等惠农补贴超过了政策规定的时限滞留滞拨；对因技术原因未能发放的及不符合发放条件的补贴资金未及时清理造成长时间闲置。上述资金中有4.59亿元至2018年底已在财政部门、主管部门或乡镇等闲置超过1年，其中1.82亿元闲置超过2年。

（三）政策目标与标准人为降低

《关于全面推开农业“三项补贴”改革工作的通知》（财农〔2016〕26号）第三节第二条规定：“中央财政农业支持保护补贴资金按照耕地面积、粮食产量、适度规模经营发展等因素测算切块到省级财政，由各省份结合本地实际确定补贴对象、补贴方式和补贴标准。省级财政、农业部门要切实做好资金拨付和监管工作，督促县级财政、农业部门做好基础数据采集审核、补贴资金发放等工作。农业“三项补贴”改革后，中央财政不再安排农作物良种补贴资金，各地农作物良种推广工作可以根据需要从上级和本级财政安排的农业技术推广与服务补助资金中统筹解决。对于骗取、套取、贪污、挤占、挪用农业支持保护补贴资金的，或违规发放补贴资金的行为，要依法依规严肃处理。”

典型问题示例

补贴标准打折扣

国家审计署2019年第3号公告结果显示，38个县落实惠农补贴相关政策中存在补贴发放不到位、擅自降低补贴标准、搞平均主义等问题。主要涉及耕地地力保护补贴、农村低保补助、扶贫脱贫类补贴等资金4709.38万元。惠农补贴监管存在薄弱环节，部分补贴资金被骗取套取或违规使用等。例如，67个县的一些单位和个人通过编造虚假资料、虚报面积、假借农户名义等违规获取或骗取套取惠农补贴资金8010.51万元。

第四节 涉农审计微案例

微案例一：审计揭开山西农机腐败窝案①

2014年3月底4月初，山西联新集团实业有限公司（以下简称“联新集团”）的销售经理一直在忙一件事——给山西省诸多市区县的农机局局（站）长打电话。时任某县原农机局局长的张某就接到了联新集团片区营销主管打来的电话，电话那头交代：审计署正在查农机系统人员的经济问题，你们和审计人员接触时要注意点。张某心领神会，马上派人到太原把3个月前收受的5万元贿款退还给了联新集团。半年后，张某因受贿罪被判刑。截至2014年年末，山西省检察机关已对山西省农机系统109名工作人员涉嫌贪污受贿、渎职犯罪进行立案侦查，法院对其中20多人作出有罪判决，其他人员正在由当地法院进一步审理之中。所有犯罪都指向一个源头——联新集团。

联新集团是一家总部在太原、以生产两款被纳入农机购置补贴范围的玉米收获机而著称的企业。在农机制销领域，联新集团“产销一体”的经营模式颇具特点。虽然只生产两个型号、售价在16万～24万元的玉米收获机，但由于单台就可以享受高达8万元左右的农机购置补贴资金，联新集团“5年来就已取得国家农机购置补贴资金1亿元以上”。

审计开始后，审计署太原特派办的审计人员分析了联新集团的销售数据，将审计重点放在了两种型号的玉米收获机所用发动机的采购业务上。通过对比发现，该公司销售报表显示5年间销售1500台左右的玉米收获机，但采购明细账却显示在此期间只采购了1300多台发动机。审计组随即确定，重点审计联新集团提供的库存台账，但公司的库管员却以各种借口迟迟不予提供。

为了获取关键证据，太原特派办请该公司提供了相关的业务数据。在纷繁芜杂的数据中，审计人员敏锐地发现了一个Excel文档，这个文档中记录了众多发动机号码，且被分为“原来的号码”“现在的号码”两个类别。

按现行制度规定，农机生产厂家必须把产品的批号、生产名称、规格、型号、发动机号码、大架号码等信息录入农机购置补贴信息系统。该系统“一年设置一个库”，发动机号码等产品重要信息只能输入一次，重复输入信息的产品则无法取得补贴资金。系统通过对产品关键信息的甄别，防止农机产品被“反复销售”骗取补贴资金问题的发生。

通过数据分析，审计判断，联新集团通过篡改发动机号码的方式避开系

① 田国垒．审计揭开山西农机腐败窝案［N］．中国青年报，2015-07-28（006）．

统审核，实现反复销售。经审计人员查证，联新集团两种型号的玉米收获机分别使用两个型号的发动机。为了取得比对证据，太原特派办与发动机生产厂家取得联系，并拿到了厂家发售给联新集团的所有发动机号码。

据太原特派办查证，联新集团共伪造了270多台发动机号码，仅此一项的涉案金额就高达2500多万元。据一位审计人员介绍："他们把已销售出去的发动机拆卸下来，将原号码打磨掉，然后找人重新伪造发动机号码后，安装回原玉米收获机上，一台'全新'的玉米收获机就能再次销售，并取得国家农机专项补贴资金了。每'销售'一次就能赚取8万元左右的国家补贴。据我们掌握的情况，这个企业总共只买了1300台左右的发动机，之所以能卖出1500多台玉米收获机，全都是用上面的办法倒腾的。"

审计人员在发动机号这一线索上取得了突破，但要想更为完整地掌握联新集团的违法证据，还需要更多的数据支撑。审计人员在联新集团调取销售数据时，负责销售的主管正在电脑前匆忙地操作着，一看审计署的人来了，赶紧关闭了几个窗口，慌乱之中，一个U盘文件夹引起了审计人员的关注，该文件夹名称显示为联新集团多年的销售数据。看到这些文件夹，审计人员请销售主管打开文件夹查看，但这位销售主管二话不说就拔出U盘，跑进了卫生间一直不肯出来。最终，在审计组与公司高层的沟通下，销售主管还是提交了U盘资料。在这张U盘的信息中，审计人员找到了联新集团向山西农机系统数十位负责人行贿的关键证据。

案例讨论题：

1.弄虚作假骗取农机购置补贴的手段有哪些？

2.享受国家农机购置补贴应当符合哪些条件？

微案例二：让农村饮水政策真正"润泽民心"[①]

2015年11月初，在审计署持续开展的稳增长、促改革、调结构、惠民生、防风险政策措施贯彻落实跟踪审计中，哈尔滨特派办将目光聚焦在黑龙江省农村饮水安全工程等一批重大民生项目上。审计组前期调查相关资料显示，2014年12月，国家下达黑龙江省2015年农村饮水安全工程总投资14.46亿元，计划建成集中供水工程2802处，解决农村居民饮水问题。

2015年10月底，双城区上报黑龙江省水利厅农村饮水安全工程已建成集中供水工程64处，完成投资8986万元，已解决13.32万农村居民饮水问题，

---

① 参见国家审计署官方网站"案例故事"专栏，http: //www.audit.gov.cn/n815/c98030/content.html.

完成率100%。“这个投资额在当年黑龙江的县级区域是最高的，解决人口也最多，完成率还是100%，而且相关情况从未审计过，所以我们把审计重点锁定在双城区。”审计人员齐永金介绍，按照这一突出重点的审计思路，审计组很快又把延伸调查的重点放在该区投资额最高的单城镇。

2015年11月11日，审计组正式对双城区农村饮水安全工程的真实性进行实地抽查，起初从沿途抽查的情况看，确实能看到该项工程有的井房已经开始供水，情况似乎比较乐观。陪同人员建议审计组去别的镇子看看，但老感觉不是很踏实的齐永金，还是执意再多走几个点。

当他们走到政兴村一个屯子时，齐永金让陪同人员先在村口等待，他和杨小超随机走进屯子深处一户农家。跟开门的老大爷说明来意后，审计人员径直走向厨房，拧开了唯一的一个油乎乎的老旧水龙头，接了一瓢水，并问：“老乡，您这水咋样啊？”

老大爷告诉他们：“水不好，很浑浊，时间长了还发红。”

“水为啥这么浑呐？”

“不清楚，我们一直是这么喝的。”

审计人员旋即走访第二家农户，户主腿脚有些不方便。杨小超见他们家是压水井，就压了一些水上来，接了一碗水，结果水比头一家更浑浊。齐永金问：“老乡，你们天天喝这水得劲儿吗？”

“没办法，孩子都出去打工了，我们老两口年纪大了出不去。用水只能先接点，沉淀沉淀再用。”

抽查到另一家农户时，审计人员发现，后院里一堆施工水管正在雪地里趴着。至此，审计人员心里已经初步有谱：“这里的活儿，肯定没干或者没干完。”

为什么政策、资金都有了，“最后一公里”还不通？对此，陪同人员称：“主管道已经铺上了，只不过没有铺到老百姓的家里。”

审计人员没有继续询问，而是要求查看主管道分布路线中的节点管道井，确定主管道铺设位置和管道井的接口。对方选定了一处接口，打开了井盖子，审计人员开启手机的手电筒功能，蹲在雪地里探着身子往里面看，只见里面满是淤泥，只有老管道，并无新管道。

“新管道到底在哪里呢？”

“都在道边埋着呢，看不到。”

“要不找挖掘机来刨开，看看我们才有底。”审计人员的建议，对方不敢答应也不敢否定，索性独自走到一旁，闷着头不再说话，在冰天雪地零下二十多摄氏度的户外，他居然满头大汗。

看到局面有点僵，审计人员就要求施工单位人员带路找管道。走了一段路，审计人员问："你们到底施工了没有，什么时候施工的？要如实介绍情况，不然我们就挖挖看！"施工单位人员小声说："别挖了，我们没有干。"

审计人员拿出施工图纸询问："有多少主管道没有铺设？"

"这个村四个屯都没有干，大约有9000多米。"

井房是农村饮水安全工程的起点。施工方确认上述情况后，审计人员随即来到井房查看。入内一瞧，主要建设设备如抽水泵、净化池、锰砂罐都还没有安装完成，配电箱更是个空盒子，没有通电。

现场取得审计证据后，审计人员匆忙赶回审计组临时办公地点，连夜编写审计工作底稿，并及时完善相关取证。

最终，通过逐一排查单城镇农村饮水安全工程的井房，审计发现双城区上报完成的64处集中供水工程中，有11处井房的配电工程未完工，2处井房的水处理设备锰砂罐未完成安装，导致39个屯、2.73万人饮水安全没有得到解决，占双城区上报解决饮水安全问题总人数的20.5%。

这一问题在哈尔滨特派办2015年11月稳增长、促改革、调结构、惠民生、防风险政策措施贯彻落实跟踪审计报告中，向黑龙江省政府进行了反映，并被纳入审计署审计结果公告。获悉情况后，黑龙江省政府高度重视审计反映的问题，从加快落实稳增长等重大政策的高度，立即督办双城区政府进行整改，并要求全区对水利工程进行拉网式排查，确保全面完成工程建设任务。经过整改，双城区农村饮水安全工程已全部建成，全部通水入户，打通了农村饮水安全工程"最后一公里"，2.73万人的饮水安全得到真正解决。

案例讨论题：

1.审查农村饮水安全工程进度的技术方法有哪些？可靠性如何？

2.审计机关推动审计问题整改的途径有哪些？

本章参考文献：

[1] 蔡飞.农业审计服务国家治理的路径研究[J].审计月刊，2012（03）：9-11.

[2] 李季泽.强化"三农"审计　为推进农业现代化和社会主义新农村建设服务[J].审计研究，2011（05）：13-17.

[3] 广东省财政厅.农村审计[M].广州：华南理工大学出版社，2009.

[4] 李国有.农业农村经济活动审计定性处理处罚依据[M].北京：中国时代经济出版社，2020.

[5] 审计知识读本编写组.审计知识读本[M].北京：中国时代经济出版社，2020.

4 Chapter

第四章 社会保障审计

第一节　社会保障审计概述

一、社会保障审计基本概念

社会保障审计是审计机关对政府部门管理的和其他单位受政府委托管理的社会保障资金财务收支的真实、合法、效益和资金的安全完整，各级政府部门和其他单位执行社会保障政策、管理社会保障资金以及开展社会保障服务等情况和效果进行的审计监督。社会保障是国家抵御社会风险和保障国民基本生活的制度安排和服务体系，加强社会保障对于巩固拓展脱贫攻坚成果、增进民生福祉、缓解新时代社会主要矛盾具有重大意义。社会保障审计凭借其宏观性、综合性、民本性和建设性等特点，在保障人民群众利益、促进社会和谐稳定、规范社会保障体系建设等方面发挥着独特而重要的作用。

党的十八大以来，审计机关主要组织了保障性安居工程、医疗保险基金、养老保险基金、工伤保险等社会保障审计项目。社会保障审计立足揭示社会保障领域存在的突出问题，督促审计发现问题的整改落实，推动建立健全长效机制，努力提升社会保障审计成效，为推动构建“全面建成覆盖全民、城乡统筹、权责清晰、保障适度、可持续的多层次社会保障体系”作出了重要贡献。例如，2017年第5次全国各级审计机关保障性安居工程跟踪审计，推动有关部门和地方政府制定完善安居工程建设管理及医保基金管理制度规定1300多个。[①]

二、社会保障审计目标

社会保障审计旨在全面摸清社会保障制度建设和运行情况、社会保障资

① 参见国家审计署官方网站“审计知识”版块，http：//www.audit.gov.cn/n6/n37/c131052/content.html.

金收支余规模和管理情况，反映社会保障工作在促进社会公平、维护社会和谐稳定、改善民生等方面取得的主要成效，揭示和反映社会保障制度建设、政策执行、业务管理和资金筹集管理使用中存在的突出问题，提出加强管理，保障资金安全，深化改革，完善社会保障制度的意见和建议。

三、社会保障审计对象

社会保障审计的主要对象是各级各类社会保障工作的组织、实施、管理部门及相关企事业单位、行业组织等。以中央为例，主要包括以下几类：

1.政府行政机构：主要有民政部、人力资源和社会保障部、住房和城乡建设部、农业农村部、国家发展改革委、财政部、国家卫生健康委员会、退役军人事务部、国家乡村振兴局、国家税务总局、国家医疗保障局等。

2.参与社会保障事务的相关机构：主要有全国社会保障基金理事会、中国福利彩票发行管理中心、中全国总工会、全国妇联、中国红十字会总会、中国残疾人联合会、中国老龄协会。

3.在社会保障工作中承担基础设施建设、保障性安居工程建设等相关项目的各类企业与组织等。

四、社会保障审计依据

与社会保障审计相关的审计依据主要有：

《中华人民共和国社会保险法》；

《中华人民共和国未成年人保护法》；

《中华人民共和国老年人权益保障法》；

《中华人民共和国残疾人保障法》；

《中华人民共和国妇女权益保障法》；

《中华人民共和国归侨侨眷权益保护法》；

《中华人民共和国公益事业捐赠法》；

《中华人民共和国慈善法》；

《中华人民共和国红十字会法》；

《中华人民共和国职业病防治法》；

《中华人民共和国劳动法》；

《中华人民共和国工会法》；

《中华人民共和国基本医疗卫生与健康促进法》；

《中华人民共和国军人保险法》；

《中华人民共和国英雄烈士保护法》；

《中华人民共和国退役军人保障法》。

此外，党和国家以及社会保障相关职能部门制定了大量法规、规章及方针政策，均可作为社会保障审计依据。

第二节　社会保障审计主要内容

一、社会保障体系基本情况

调查各项社会保障制度的建立和发展情况，摸清覆盖人群、领取待遇人数和保障水平增长变化情况，监督国家和地方各项社会保障政策的落实情况，掌握国家和地方有关社会保障工作的约束性目标的实现情况。调查各类社会保障资金的收支和结余情况，摸清各项资金来源与财政补助、单位缴费、个人缴费、集体补助的资金规模、比重及增长变化情况，资金支出规模、用途及增长变化情况，资金结余规模的增长变化情况，以及结余存放级次、形态和地域分布情况，各级政府财政性社会保障支出占财政总支出的比重和增长变化情况。调查国家和地方各项社会保障项目的规划、建设、验收与运行情况，摸清社会保障项目建设布局、资金来源、融资规模、建设模式、招标投标、施工建设、竣工验收、日常运行与维护等环节的基本情况。

二、社会保障工作取得的主要成效

分析反映社会保障在促进社会公平、维护社会和谐稳定、改善民生和应对重大自然灾害等方面所取得的主要成效。通过分析社会保障体系不断健全，社会保障制度不断完善，覆盖人群逐步扩大，中央财政对不同地区、城市和农村投入规模不断增加等情况，反映社会保障在缩小地区、城乡差距，促进不同群体公平享有社会保障权利、共享改革发展成果方面取得的主要成效。通过分析各地享受城乡最低生活保障、城乡医疗救助和社会福利政策人数及覆盖水平的增长变化情况，未参保集体企业退休人员、关闭破产企业退休人员、“老工伤”人员和被征地农民等群体的参保人数和待遇水平的增长变化等情况，反映社会保障在维护社会和谐稳定等方面取得的主要成效。通过分析各级财政投入社会保障资金的增长变化情况，各地领取和享受基本养老、基本医疗保险的人数增长变化情况，以及基本养老保险待遇水平和基本医疗保险实际报销比例的增长变化等情况，反映社会保障在确保人民群众病有所医、老有所养、住有所居、弱有所扶等方面取得的主要成效。

三、社会保障工作存在的主要问题

反映社会保障体制机制及制度执行中存在的问题。关注社会保障基金个人账户空账运行问题，审查企业职工基本养老保险个人账户做实的比例和金额，反映个人账户空账运行金额。计算“老人”“中人”已领取的待遇支出金额，分析制度转轨成本对个人账户空账的影响。关注统筹级次存在的问题，调查各项社会保险的统筹级次，审查企业职工基本养老保险是否达到省级统筹的标准，有无缴费比例地区之间不统一、未实行统收统支或调剂金制度未落实的问题，有无因统筹级次低，部分地区出现基金累计结余赤字等问题。关注社会保障管理分散问题，审查是否存在由于管理分散于不同部门、机构，造成各项养老、医疗保障制度间不够衔接，运行中不够协调，部门间信息不共享，转移接续困难，从而出现重复参保、救助资金结余大与符合条件的困难群体未得到参保救助并存等问题；审查是否存在原行业统筹基本养老保险基金移交地方不彻底，部分企业的基本养老基金封闭运行等问题。关注社会保障制度执行问题，审查是否存在地方政策与国家政策或法律法规不符的问题，如地方自定政策降低缴费基数和比例、对参保人年龄或户籍等参保条件进行限制影响保费征缴完整或参保人正常参保；审查是否存在最低生活保障对象底数不清，不符合保障条件的对象享受低保，社区、村干部随意决策等问题；审查是否存在符合条件的农村居民、城镇非从业人员、未参保集体企业退休人员、关闭破产企业退休人员、“老工伤”人员、被征地农民等群体未按规定纳入社会保障范围等问题。

反映社会保障资金筹集、管理和使用中存在的问题。关注社会保障资金筹集方面存在的问题，审查各项财政补助资金是否及时、足额到位；审查企业是否存在通过少报缴费基数、选择性参保或不完全参保等方式少缴保费，征收机构有无通过少核缴费基数、违规减免等方式少征保费。关注社会保障资金管理和使用方面存在的问题，审查是否存在违规开户、多头开户等问题；审查是否存在违规用于基础设施建设、设备购置、行政经费、平衡预算等挤占挪用问题，购买股票、投资房地产、出借、抵押和质押、委托理财、兴办企业等违规运营问题，虚列支出、套取资金问题，用于其他社会保障等扩大范围使用问题；调查医疗保险管理机构各项审核业务开展情况，医疗保险定点医疗机构的就医管理情况，审查是否存在通过挂床住院、假发票、假病历等方式套取医保基金等问题。关注社会保障资金使用效益和保值增值问题，审查基本医疗保险基金、失业保险基金、最低生活保障资金、医疗救助资金有无资金结余过大影响使用效益等问题；审查各项基本养老保险基金有无由于未执行优惠利率、存款结构不合理等造成基金收益率偏低的问题。

反映社会保障业务管理中存在的问题。关注社会保险费征收管理中存在的问题，审查建筑施工企业的基本劳动保险基金是否存在征收管理体制未理顺造成的资金大量结存、违规使用等问题。关注社会保险业务经办中存在的问题，审查有无未按规定建立个人账户、个人账户金额记录和利息计算错误、财政补助未及时计入个人账户等问题；有无基础养老金和个人账户养老金计算错误导致少发或多发养老金；有无滞留缓发、截留侵占、占用新型农村社会养老保险和城镇居民社会养老保险个人账户资金发放基础养老金等违规发放问题；有无违规办理补缴、隐瞒欠费、档案管理混乱、参保记录丢失等问题。关注社会保障信息管理中存在的问题，审查是否存在信息系统割裂、重复建设、数据分散等问题；审查是否按规定以个人身份证号码建立了个人终身社会保障号；审查工商、民政、公安与社保部门是否及时沟通有关单位和个人基本信息。

第三节　社会保障审计发现典型问题

根据国家审计署与地方审计机关公布的社会保障审计结果公告，社会保障审计中发现的典型问题如下：

一、社会保障资金相关问题

（一）社会保障资金用途筹集不到位

《社会保险法》第二十三条规定："职工应当参加职工基本医疗保险，由用人单位和职工按照国家规定共同缴纳基本医疗保险费。"《社会保险费征缴暂行条例》（国务院令第259号）第四条规定："缴费单位、缴费个人应当按时足额缴纳社会保险费。"

典型问题示例

医保基金筹集不到位

国家审计署2017年第1号公告结果显示，2.65万家用人单位和47个征收机构少缴少征医疗保险费30.06亿元；部分地区的医保财政补助、补贴资金26.72亿元未及时足额拨付到位；部分征收机构未及时上缴医疗保险费等收入44.36亿元；截至2016年6月，审计地区有95.09万名职工未参加职工基本医疗保险。

（二）社会保障资金管理不规范

《财政社会保障补助资金专户管理暂行办法》（财社〔2001〕38号）第八条规定："'补助专户'的资金，必须按照规定的用途、标准、对象和实际需要数额支用，并按照资金使用的进度，及时由'补助专户'拨入同级'社会保障基金财政专户'或下级'补助专户'，专款专用，不得截留、挤占，不得与国库内其他资金混用或挪作他用。"

典型问题示例

违规发放或使用社会保障资金

国家审计署2020年第1号公告结果显示，10个省违规向不符合条件的单位或个人发放就业补助资金492.62万元，3个省违规向不符合条件的人员发放失业保险金3414.39万元，2个省挪用就业补助资金153.32万元用于会议费、人员工资等支出。

（三）社会保障资金使用效益不高

《就业补助资金管理办法》（财社〔2017〕164号）第三十四条规定："各级财政部门应当加快资金拨付进度，减少结转结余。人社部门要按照本办法规定积极推动落实就业创业扶持政策，确保资金用出成效。"

典型问题示例

就业补助资金长期闲置

国家审计署2020年第1号公告结果显示，5个省的就业补助资金使用效益不高，长期闲置或拨付不及时，涉及金额17879.92万元。

（四）骗取套取社会保障资金

《关于进一步加强基本医疗保险基金管理的指导意见》（人社部发〔2009〕67号）第十条规定："加大医疗保险对医疗服务行为的监控力度。各地要把相关部门制定的出入院标准、临床诊疗规范、临床用药指南和处方管理办法等纳入协议管理的范围，建立和完善对定点医疗机构服务质量的考核评价体系。要不断完善医疗保险信息系统，逐步实现对医疗服务行为的全程实时监控，加强对重点医疗服务项目和重点药品使用情况的监测，减少不合理医疗费用的发生，防范医疗欺诈行为。”

典型问题示例

定点机构和个人骗取套取医保基金

国家审计署2017年第1号公告结果显示，923家定点医疗机构和定点零售药店涉嫌通过虚假就医、分解住院等方式，骗取套取医疗保险基金2.07亿元作为本单位收入核算，也有少数自然人涉嫌通过虚假异地发票等方式骗取医疗保险基金1007.11万元。

二、社会保障项目相关问题

（一）社会保障项目资金拨付与使用不及时

《中央财政城镇保障性安居工程专项资金管理办法》（财综〔2017〕2号）第十四条规定：“基层财政部门接到专项资金预算后，应当会同同级住房城乡建设部门及时将资金预算分解或明确到具体项目，并将分配结果报上级财政、住房城乡建设部门备案。市县住房城乡建设部门应当督促项目实施单位加快项目进度，切实提高资金使用效率。”

典型问题示例

安居工程中央财政专项资金下达与使用不及时

国家审计署2019年第4号公告结果显示，在2018年棚户区改造和公共租赁住房的投资、建设、分配、使用和后续管理过程中，有63个市县财政等部门未及时将2018年安居工程中央财政专项资金22.34亿元分解下达或明确到具体项目，有354个单位以前年度收到的安居工程财政资金158.06亿元未及时安排使用，截至2018年底已超过1年。

（二）骗取套取社会保障项目资金

《财政部关于保障性安居工程资金使用管理有关问题的通知》（财综〔2010〕95号）第七条规定：“各地要按照签订的保障性安居工程目标责任书，积极开展各项工作，切实落实保障性安居工程建设用地，加快保障性安居工程项目审批，尽快开工建设并形成实物工作量，根据工作进度及时拨付保障性安居工程资金。……各地要确保保障性安居工程资金按规定用途使用，不得挤占和挪作他用。”

典型问题示例

套取安居工程项目资金

国家审计署2019年第4号公告结果显示，在2018年棚户区改造和公共租赁住房的投资、建设、分配、使用和后续管理过程中，有32个单位通过多报目标任务、多头申报等套取财政资金9.18亿元、市场化融资34.26亿元。

（三）改变社会保障项目资金用途

《中央财政城镇保障性安居工程专项资金管理办法》（财综〔2017〕2号）第十八条规定：“地方各级财政部门应当对专项资金实行专项管理、分账核算，并严格按照规定用途使用；不得截留、挤占、挪作他用，不得用于平衡本级预算。地方各级住房城乡建设部门及项目实施单位应当严格按照本办法规定使用专项资金，不得挪作他用。专项资金不得用于人员经费、公用经费、购置交通工具等支出。”

典型问题示例

安居工程项目资金未专款专用

国家审计署2019年第4号公告结果显示，在2018年棚户区改造和公共租赁住房的投资、建设、分配、使用和后续管理过程中，有13.78亿元财政资金、27.32亿元市场化融资被挪用于经营性投资、对外出借、弥补人员和办公经费等支出。

（四）社会保障项目建设运营管理不规范

《国务院办公厅关于保障性安居工程建设和管理的指导意见》（国办发〔2011〕45号）第三节第一条规定：“市县人民政府应当依据住房保障规划和保障性安居工程年度建设任务，科学编制土地供应计划，涉及新增建设用地的要在年度土地利用计划中优先安排、单列指标，做到应保尽保。要提前做好项目储备并落实到具体地块，努力挖潜，充分利用存量建设用地。涉及新增建设用地的，要提前确定地块，开展土地征收等前期工作，确保及时供地。储备土地和收回使用权的国有土地，优先安排用于保障性住房建设。严禁改变保障性住房建设用地用途，擅自改变用途的，要依法从严处理。”

典型问题示例

安居工程土地使用不规范

国家审计署2019年第4号公告结果显示，在2018年棚户区改造和公共租赁住房的投资、建设、分配、使用和后续管理过程中，有159个市县493个项目扩大范围将园区开发、城市建设带来的拆迁安置和土地征收等纳入棚改，2661亩安居工程建设用地闲置或被改变规划用途使用，619个安居工程项目的3.64万亩建设用地存在用地手续不全等问题。

（五）社会保障项目受益不均

《国务院办公厅关于保障性安居工程建设和管理的指导意见》（国办发〔2011〕45号）第五节第三条规定："市县人民政府应当建立住房保障管理信息系统，完善保障性住房和保障对象档案，动态监测住房保障对象家庭人口、住房和经济状况变化情况。建立公众监督机制，落实信息公开，充分发挥社会监督作用。定期检查保障性住房使用情况，对违反规定将保障性住房出售、转借、出租（转租）、闲置、改变用途且拒不整改的，应当按照有关规定或者合同约定收回。对中介机构违规代理出售、出租保障性住房的，应当依法给予处罚。"

典型问题示例

安居工程住房分配管理不严格

国家审计署2019年第4号公告结果显示，在2018年棚户区改造和公共租赁住房的投资、建设、分配、使用和后续管理过程中，不符合条件人员等违规享受公租房实物保障1.72万套，1.15万户承租家庭收入、住房等条件发生变化未按规定及时退出；1.25万套公租房被违规销售、转租，或被挪用于办公、经营等。

三、社会保障政策相关问题

（一）政策落实不到位

《人力资源社会保障部 财政部 国家发展和改革委员会 工业和信息化部关于失业保险支持企业稳定岗位有关问题的通知》（人社部发〔2014〕76号）第三条规定："稳岗补贴主要用于职工生活补助、缴纳社会保险费、转岗培训、技能提升培训等相关支出。"《人力资源社会保障部办公厅关于实施失业保险援企稳岗“护航行动”的通知》（人社厅发〔2017〕129号）第二节第三条规定：“各级人力资源社会保障部门……对于符合稳岗补贴申请条件的企业，只要年内申报，经办机构就要积极受理，并按规定发放。要增强主动服务意识，积极组织力量，将稳岗补贴政策及时送到企业。”

典型问题示例

援企稳岗政策落实不到位

国家审计署2019年第7号公告结果显示，截至2019年3月底，陕西××省××市人力资源和社会保障局以自行开发的网上培训监管平台未投入运行为由，未开展2018年度人力资源服务类型企业稳岗补贴的审批发放工作；同时，将稳岗补贴用途限定为仅能缴纳失业、养老或医疗保险，将应发放企业的补贴资金20881.81万元转入××市人力资源和社会保障局失业保险或医疗保险待转金科目中，变相转为企业预缴的社会保险费，当企业实际缴纳时予以冲抵，使企业不能按照自身需要，在国家规定的使用范围内用于职工生活补助、转岗培训、技能提升培训等相关支出。

（二）社会保障政策未实现全面覆盖

《民政部 财政部 国务院扶贫办关于在脱贫攻坚三年行动中切实做好社会救助兜底保障工作的实施意见》（民发〔2018〕90号）第二节第一条规定：“进一步加强农村低保制度和扶贫开发政策有效衔接。综合考虑维持困难群众基本生活、当地物价水平、财政保障能力、城乡统筹发展需要等因素，科学制定农村低保标准。凡家庭人均收入低于当地农村低保标准且财产状况符合当地规定的未脱贫建档立卡贫困户，都要按规定程序纳入农村低保。”

典型问题示例

社会救助兜底保障工作不扎实

国家审计署2019年第1号公告结果显示，截至2018年年底，3个县的549名（户）无劳动能力、残疾等符合条件的建档立卡贫困人口，应纳入未纳入农村最低生活保障，少获得低保金70.97万元。

（三）增加困难群体负担

《国家发展改革委关于印发全国“十三五”易地扶贫搬迁规划的通知》

（发改地区〔2016〕2022号）第二章第二节规定："严格按照'保障基本、安全适用'的要求，做好建档立卡搬迁人口安置住房的规划和建设，严禁'垒大户''造盆景'"防止因建房面积过大而增加搬迁群众负担，使建档立卡搬迁人口因建房而负债。"

典型问题示例

贫困户举债搬迁

国家审计署2017年第31号公告结果显示，××市××区46户贫困户搬迁房面积超标、建房成本较高，共向银行或亲友借款271.8万元，涉及贫困人口190人。

（四）社会保障政策衔接不足

《国务院办公厅关于全面实施城乡居民大病保险的意见》（国办发〔2015〕57号）第四条规定："建立大病信息通报制度，支持商业健康保险信息系统与基本医保、医疗机构信息系统进行必要的信息共享。大病保险承办机构要及时掌握大病患者医疗费用和基本医保支付情况，加强与城乡居民基本医保经办服务的衔接，提供"一站式"即时结算服务，确保群众方便、及时享受大病保险待遇。对经大病保险支付后自付费用仍有困难的患者，民政等部门要及时落实相关救助政策。"

典型问题示例

大病保险不衔接

国家审计署2017年第2号公告结果显示，××省××县大病保险等政策报销未实现"一站式"信息交换和即时结算，导致贫困人口报销手续繁琐、报账时间长。

第四节　社会保障审计微案例

微案例一：社保基金专项审计揪出蚕食国资的"硕鼠"[①]

2012年10月，审计署抽调审计人员对全国社保基金理事会（以下简称"社

① 武欣中.社保基金专项审计揪出蚕食国资的"硕鼠"［N］. 中国青年报，2015-08-11（001）.

保基金会”）进行专项审计。社保基金会成立之后，根据《全国社会保障基金投资管理暂行办法》的规定，在确保资金安全的前提下开展了一系列多元化投资，其中，一部分社保基金通过竞标的方式委托基金公司进行投资管理。国家资金流向哪里，审计就跟进到哪里。对国有资金，防范投资风险、确保审慎合规运营，最终实现保值增值，是基金管理者的首要责任，也是审计部门的职责所在。

“审计署驻深圳特派办主要负责基金的股票投资审计。”参与审计的深圳特派办工作人员坦言，进驻审计点之前，审计小组对“老鼠仓、内幕交易”并没有清晰的审计思路。在调取大量资料和数据分析并形成初步思路的基础上，他们“恶补”了专业知识，重点对“老鼠仓、内幕交易”的典型特征进行了了解和掌握。

由于受托管理社保基金的基金公司大多设在深圳，半个月后，审计小组进驻了深圳的几家基金公司。已经辞职的招商基金前副总经理、专户资产投资部总监兼投资经理杨奕，就在这时进入了审计人员的视野。在基金经理中，杨奕管理的两只社保基金业绩相当好，他本人在业界的口碑也不错。从对交易数据分析看，杨奕运作的股票呈现出“坚持价值投资、收益率高、风格相对稳健”的特点。然而，一个细节引起了审计人员的注意：杨奕在2011年8月被提拔为公司副总经理，不到一年，2012年年中，他就辞职离开了招商基金。对此，官方公告是：“其离职纯属个人原因。”杨奕的突然辞职触碰了审计人员的职业敏感，“个人原因很可能是托词，这个年轻的业界精英提拔不久就辞职离开，背后会不会另有隐情？”

进一步的数据分析显示，杨奕管理的基金投资的高收益主要来自几只大盘股，其投资的一些中小股则业绩平平。“与大盘股相比，中小股做老鼠仓的概率要大很多，也更隐蔽。以杨奕管理的社保基金规模，如果想控制某只股票的价格走向并非难事。他的股票交易K线图也显示确有异常之处，比如某天一支股票突然涨幅很大，或一只股票突然跌下去七八个点，这里会不会有利益输送的可能？”带着初步怀疑，审计人员开始对杨奕辞职的原因进一步调查。

从杨奕留在基金公司的操作痕迹上，审计人员并未发现任何异常。“老鼠仓的一个典型特征是，基金经理在拉升股价之前，会有操盘手或亲属等关系密切人员的股票账户在低位建仓，待股价拉升到高位时率先卖出获利”。为了证实是否存在关联账户，审计人员对杨奕担任社保基金经理期间相关股票的交易数据进行了仔细分析，发现有3个账户长期跟随杨奕管理的社保基金进行交易，其交易重合度非常高，而且获利很大。这个发现，进一步证实了审计人员最初的判断。

“查证是否为老鼠仓，还有一个关键的环节需要突破，那就是，这几个股票账户的持有人和杨奕之间究竟是什么关系，以及他们是如何传递信息的。”审计小组决定沿着这个思路继续深挖。经过内查外调和多方取证，审计人员掌握了大量细致确凿的外围证据，印证了杨奕存在着利用未公开内幕信息牟取非法利益的重大嫌疑。

在证据面前，招商基金的负责人最终不得不承认，2012年，公司曾接到了监管部门转来的有关杨奕涉嫌违法操作某股票的举报材料，为了不影响公司的业绩和声誉，他们在自查时以杨奕和招商基金公司员工张某提供的“无异常”情况说明草草地了结。

两个多月的审计工作终于到了“临门一脚”的时刻。为了不打草惊蛇，审计人员决定将审计发现的违法违规问题线索向审计署汇报。最终，经严格的审计审理程序后，审计署将有关违法违规问题线索向公安部门进行了移交。经公安部证券犯罪侦查局的立案侦查，杨奕“老鼠仓”案最终得以告破。

案例讨论题：

1.证券监管部门与审计机关的监督职能有何区别？

2.社保基金通过委托基金公司进行投资管理时应当注意哪些问题？

微案例二：“房”不胜防的安居工程审计[①]

2017年，L县审计局根据省审计厅的统一部署，对该县2017年度保障性安居工程的计划、投资、建设、分配、运营等情况进行了审计。2017年，该县通过货币化安置、新建安置住房等方式实施棚户区改造、保障棚户区居民500户；通过发放租赁补贴、配租配售保障性住房等方式，保障中低收入住房困难家庭301户，其中：公共租赁住房（含廉租住房，下同）保障136户，租赁补贴165户；通过农村危房改造保障居住在危房中的农村贫困家庭1287户。县审计局按照规定下发审计通知后，由分管领导A局长带队，组成4人审计组，于2017年12月22日正式进驻被审计单位某县房管局。

审计人员依据省厅下发的疑点信息，对相关数据进行了分析，发现享受补贴人员资格存在问题疑点。对此，审计组决定将租赁补贴领取情况作为审计调查的切入点，同时重点关注保障房的政策执行、资金管理使用、保障房建设、分配等方面的情况，根据保障房实际管理、资金去向从“低”到“高”，层层审查，迅速锁定审计疑点。审计组经过讨论，决定兵分两路，一路顺资金

① 本案例来自国家审计署官方网站“审计要闻”栏目，http：//www.audit.gov.cn/n6/n1560/c126751/ content.html.

流向延伸到保障房开发商；另一路根据大数据比对结果，核实保障房享受补贴人员资格条件。

审计一组通过县房管局通知了有关开发企业，要求其提供有关项目的工程资料和财务资料。审计组在与开发商询问谈话时，各开发商单位负责人都存在着或多或少的抵触情绪，且信誓旦旦地对审计人员保证项目都是合法合规进行建设和验收的。由于报送资料不及时，拖拉，审计工作陷入被动。

开发商态度不情愿："保障房年年审，我们的账目已经审过很多遍了，为什么还要审？而且保障房项目都不是以营利为目的的，根本不挣钱，有必要查账吗？"面对开发商的不配合，A局长耐心解释："虽然保障房项目不以营利为目的，但是国家给予了很多保障优惠政策，包括税收优惠和贷款优惠，按照审计法的相关规定，我们的审查是有理有据的，审查你们整个开发行为是否合法合规，才能解决低收入住房困难群体基本住房需求，保障低收入者的合法权益。"

开发商们听了A局长的一席话，找不到理由反驳，态度缓和。随后的询问谈话稍微顺畅起来。在谈话之中，审计组成员小郝无意中想起审前查阅的文件资料，随口问了一句："你们有没有缴纳政府性基金？"各开发商有的说没交，有的说交了，而对于交给哪个单位，却含糊其词。A局长给了小郝一个鼓励的眼神，财政部《关于贯彻落实国务院关于解决城市低收入家庭住房困难若干意见的通知》（财综〔2007〕53号）规定，廉租住房和经济适用住房建设、棚户区改造、旧住宅区整治，一律免收各项行政事业性收费和政府性基金，A局长没有作过多解释，而是要求开发商及时准备工程和财务资料，第二天立刻奔赴各开发商企业展开实地调查。

另一边，审计二组通过大数据比对，查到陈某等3人家庭月收入超3000元，人均收入超过900元；马某、王某2人名下各有汽车一辆，仍领取保障房住房补贴。审计人员凭着职业判断和经验，感觉这5人涉嫌以欺骗的手段获得住房租赁补贴。审计组将这一情况汇报给A局长，经过商讨，决定既不要县房管局干部陪同，也不向村干部核实，而是针对疑点人员进行入户调查取证。

第二天，审计一组进驻开发商企业后，立即开始查阅财务资料和工程项目资料，重点放在了保障房项目资金收入支出情况、项目建设程序管理情况。审计组通过查阅工程项目资料时发现，某社区安置区改造项目未取得建设用地批准相关手续、未取得建筑工程施工许可证，对此社区项目审计组进行了现场勘查。而审计组成员小郝特别关注了政府性基金缴纳情况，发现某些开发商企业缴纳了政府性基金，而缴纳对象是县住建局，共计101.45万元。大家把发现的问题汇报给A局长后，经讨论，审计组认为“下”层审计基本完成，A局长决定往“上”查，去县住建局、县房管局了解情况。

到达县住建局后，A局长直接将审计证据摆在住建局分管领导B局长面前，询问收取政府性基金的原因。B局长说这部分基金本就是应该收取的，而当A局长要求拿出依据时，又改口说收取之后还会退还给企业，对于为何迟迟未退还却说不清原因。A局长又询问某社区安置区改造项目未取得建设用地批准相关手续、未取得建筑工程施工许可证即开始施工问题，住建局B局长也无法说明原因，只说会以后加强监管，督促抓紧补办手续。

审计组到房管局了解全县公租房租赁收入支出情况，经查阅相关资料发现，全县有公租房140套，配租136套，2017年收取房租23.13万元，支出维护管理等费用1.58万元，直接使用，未缴县国库。A局长直接指出：“政府投资建设公共租赁住房取得的租金收入，应按照政府非税收入管理的规定缴入同级国库，实行‘收支两条线’管理。租金收入专项用于偿还公共租赁住房贷款，以及公共租赁住房的维护、管理等支出。”

同时，审计二组针对涉嫌以欺骗的手段获得住房租赁补贴陈某等5人进行了入户调查，一开始陈某等人均不承认，以各种理由狡辩，但面对审计人员拿出的审计证据，陈某等5人哑口无言，承认提供虚假住房申请材料、隐瞒家庭成员收入、车辆信息，违规领取住房租赁补贴0.66万元。

发现问题后，审计组迅速整理资料，将问题上报审计局主要领导，并在第一时间将违规领取住房租赁补贴问题线索移送到相关部门。通过对保障性安居工程保障房建设、分配、运营、管理等情况进行全面审计，审计人员积极从体制机制的层面查找原因，研究梳理规范缺位的问题，向L县委、县政府上报了三篇审计信息反映情况，县委书记、县长分别作出批示。截至目前，公租房房租收入23.13万元已上交国库，应减免的政府性基金101.45万元已退还给开发商企业，陈某等5人违规领取的住房租赁补贴也已收回。

案例讨论题：

1.利用大数据核实保障房享受补贴人员资格条件的思路有哪些？

2.公租房房租收入不实行“收支两条线”管理会带来哪些问题？

本章参考文献：

[1] 彭华彰.社会保障审计理论与实务[M]. 北京：中国时代经济出版社，2007.

[2] 郑功成.社会保障学：理念、制度、实践与思辨[M]. 北京：商务印书馆，2020.

［3］李国有.社会保障资金管理审计定性处理处罚依据［M］. 北京：中国时代经济出版社，2020.

［4］社保审计读本编写组.社保审计读本［M］. 北京：中国时代经济出版社，2016.

［5］审计知识读本编写组.审计知识读本［M］. 北京：中国时代经济出版社，2020.

5

Chapter

第五章 教育审计

第一节 教育审计概述

一、教育审计基本概念

教育审计，是指审计机关以维护国家和社会安定和谐为目标，依法对教育领域与人民群众利益密切相关的事项进行的审计监督。

从政府审计的角度来看，教育领域与人民群众利益密切相关的事项包括：

1.教育领域与民生相关的财政专项资金（以下简称“教育民生专项资金”）的支出，如“农村义务教育薄弱学校改造补助资金”“支持学前教育发展资金”“改善普通高中学校办学条件补助资金”等。这些资金的规范管理与使用，有助于改善办学条件，为民众提供更好的教育服务。

2.教育领域与民生相关的收费，如教育考试机构或学校收取的考试费，各级各类学校收取的学费、住宿费，教育部门在行政执法时收取的罚款等。这些收费决定了民众为了获得教育服务所承担的财务负担的轻重。

3.教育领域与民生相关的基本建设项目（以下简称“教育民生工程”），如各级各类学校教室、学生宿舍、实验室、图书室、运动场等校舍的新建、改建与修缮等。这些基建项目同样有助于改善办学条件，为民众提供更好的教育服务。

4.教育领域与民生相关的公共政策（以下简称“教育民生政策”），如农村中小学布局调整、学前教育普惠化等政策。这些政策关乎教育质量能否得到改进，民众的受教育权利能否得到保障。

5.其他。如教育政策的公平性、教育模式的绩效等。由于上述事项与人民群众利益密切相关，审计机关在对教育领域开展民生审计时，应将其作为审计内容。

二、审计目标

教育民生审计的目标是促进教育领域深化改革，在教育领域保障和改善基本民生、维护人民利益。审计机关要按照《中华人民共和国国民经济和社会发展第十三个五年发展规划》提出的“坚守底线、突出重点、完善制度、引导预期，注重机会公平，保障基本民生，不断提高人民生活水平，实现全体人民共同迈入全面小康社会”的要求，确保教育领域与民生相关的政策要求、预算安排、资金拨付和基建项目落地生根，不断完善和发挥实效，推动提高教育领域的民生保障水平。

在对教育领域民生事项实施审计的过程中，审计人员应关注的审计目标包括教育领域民生事项的真实性、合法性、效益性。真实性是指教育领域民生事项的相关数据是否真实，如相关收支的真实性；合法性是指教育领域民生事项涉及的行为是否遵守相关的法律法规，如教育收费的合规性；效益性是指教育领域民生事项的经济性、效率性和效果性，如农村中小学布局调整政策实施结果的经济性、效率性和效果性。

在审计过程中，对于上述真实性、合法性、效益性，可能有多种选择，可以同时兼顾，也可以选择某些方面作为重点。同时，对于选定的目标，可以有批判性定位，也可以有建设性定位，还可以二者兼顾。

三、审计对象

审计对象又称“审计客体”，是指审计活动的对象，回答的基本问题是“审计谁”。就教育领域民生审计而言，其审计对象主要包括以下几类：

1.各级政府财政部门：各级政府财政部门负责教育民生专项资金预算的编制，资金的分配、下达、监督与绩效评价等事宜。

2.各级政府发展改革部门：各级政府发展改革部门负责教育领域与民生相关建设项目的审批。

3.各级政府教育部门：各级政府教育部门负责教育领域与民生相关公共政策的制定，与民生相关财政资金的分配、下达、项目管理与监督，相关行政事业性收费、罚款的执收等事宜。

4.各级各类学校：各级各类学校负责提供教育服务，执行教育领域与民生相关公共政策，管理与使用本单位所分到的教育民生专项资金，组织实施本单位教育民生工程，收取学费、住宿费等事宜。

5.参与教育民生工程的设计、施工、监理、供货的企业和事业单位。

审计过程中，审计人员可依据各类审计对象在教育民生事项中承担的职责，对其开展审计。

四、审计依据

与教育审计相关的审计依据主要有：

《中华人民共和国教育法》；

《中华人民共和国义务教育法》；

《中华人民共和国高等教育法》；

《中华人民共和国民办教育促进法》；

《中华人民共和国职业教育法》；

《中华人民共和国预算法》；

《中华人民共和国建筑法》；

《中华人民共和国合同法》；

《中华人民共和国政府采购法》；

《中华人民共和国招标投标法》；

《中华人民共和国价格法》；

《中华人民共和国预算法实施条例》；

《行政单位财务规则》；

《行政单位会计制度》；

《事业单位财务规则》；

《事业单位会计制度》；

《事业单位会计准则》；

《高等学校财务制度》；

《高等学校会计制度》；

《中小学校财务制度》；

《中小学校会计制度》。

第二节　教育审计主要内容

一、教育民生专项资金审计

教育民生专项资金审计的审计内容应根据资金在管理流程中涉及的相关事项来确定。主要包括以下四方面：

1.教育民生专项资金的设立、调整和撤销审查。审查教育民生资金的设立是否有明确的法律法规依据，审查新增教育民生专项资金是否与现有专项资金使用方向或者用途一致，是否属于重复设立。审查教育民生专项资金设立是否明确执行期限，执行期限是否超过5年（法律法规另有规定的，从其规定）。

审查发生以下情况时，教育民生专项资金需要调整或撤销：（1）客观状况发生变化，专项资金设立的目标失去意义或者需要完成的特定任务已不存在；（2）客观状况发生变化，需要调整使用范围或金额；（3）对同一类使用方向和用途的专项资金，有必要归并整合，统筹安排；（4）专项资金的绩效达不到主要预期目标；（5）专项资金的管理、使用存在违法违纪问题，情节严重或者经整改无效；（6）财力状况发生重大变动；（7）其他需要调整或撤销的状况。

2.教育民生专项资金的申报、审核和分配审查。审查申报单位或个人申报材料的真实性、准确性、完整性；审查申报项目是否具备实施条件，审查是否存在同一项目申报多项教育民生专项资金的情况；审查财政部门和教育部门是否及时发布申报指南或其他与资金申报有关文件；审查基层政府有关部门是否公平对待申报单位和个人，实行竞争性分配的，是否明确筛选标准，公示筛选结果。

审查教育民生专项资金的分配是否公平、合理、合规。采用因素法分配资金的，选取因素是否客观公正、各因素相对应的权重或标准是否合理；采取项目法分配资金的，是否采取竞争性评审方式，是否通过发布公告、第三方评审、集体决策等程序择优分配资金；采取第三方评审的，是否在资金管理办法中对第三方进行规范，是否明确第三方应当具备的资质、选择程序、评审内容等。

3.教育民生专项资金的下达、拨付和使用审查。审查各级政府财政部门下达教育民生专项资金的及时性；审查教育民生专项资金的支付是否按照国库集中支付制度有关规定执行；是否存在将教育民生专项资金从国库转入财政专户，或将教育民生专项资金支付到预算单位实有资金银行账户的违规行为；审查预算单位拨付教育民生专项资金的及时性、足额性；审查教育民生专项资金在使用时是否存在截留、挤占、挪用等情形。

4.教育民生专项资金的绩效目标和执行效果审查。教育民生专项资金的绩效目标审计的审计内容包括：绩效目标是否能清晰反映教育民生专项资金的预期产出和效果，并以相应的绩效指标予以细化、量化描述，绩效指标主要包括产出指标、效益指标和满意度指标等；审查是否存在绩效目标设定不合理或未设定的情形，审查绩效目标设定的依据是否合理合规，审查设定绩效指标时所依据或参考标准的真实可靠性。

教育民生专项资金的执行效果审计的审计内容包括：审查教育民生专项

资金的实施是否达到预期的经济效益和社会效益，审查是否存在项目闲置、工程停工下马、工程质量低劣、项目失败、效益低下，以及损失浪费的问题。

教育民生专项资金审计的审计思路，可以以相应资金的管理流程为主线，结合审前调查了解到的情况，重点关注教育民生资金的管理在各个阶段存在的风险点。

二、教育领域民生相关收费审计

按照教育领域民生相关收费的管理流程，对其审计的审计内容包括：

1.立项审批。查阅收费项目的立项审批文件，审查同意收费项目的单位是否具有审批资格，分析收费项目是否属于国家明令禁止设立的收费项目。

2.征收管理。（1）审查执收单位是否办理“收费许可证”“罚没许可证”，“收费许可证”“罚没许可证”是否通过年检，执收单位有无涂改、转借“收费许可证”行为，有无使用过期的“收费许可证”；（2）审查执收单位是否在本行政区域范围内实施的收费项目外自定收费项目；（3）审查执收单位是否按规定的征收范围、征收对象、征收标准、征收期限及时足额征收，严格按照征管办法征收相关的费用，是否存在超范围、超标准、超期限征收，审查执收单位是否依法征收滞纳金、收费退付是否合理。

3.资金管理。审查执收单位是否违规开设非税收入过渡性账户。如开设，应进一步查阅账户的收支结余情况，审查执收单位是否将过渡性账户中的资金及时足额上缴财政部门的非税收入汇缴专户，是否隐匿、滞留、截留本单位收取的费用，是否坐支、挪用过渡性账户中的资金，是否直接从过渡性账户中私自提留征管经费用于单位的经费支出，是否存在私存私放、私分所收款项等行为。

4.票据管理。（1）审查执收单位是否按照预算级次或财政隶属关系，向本级财政部门申领非税收入票据；是否按规定办理“非税收入票据领购证”，领购和使用财政票据所执行的文件依据是否合法有效，实际领购的财政票据种类和数量是否与“非税收入票据领购证”记录相符，是否私自转让、销毁“非税收入票据领购证”；（2）审查票据使用是否合规，票据的填写是否真实完整，是否存在混用、串用、代开非税收入票据的行为，是否使用往来票据和违规票据收费，把非税收入挂往来账从而隐藏收入逃避监管；（3）审查票据管理是否合规。

5.减免、缓征管理。审查相关部门有无越权批准收费的减免、缓征，减免、缓征收费是否符合相关条件，减免幅度、缓征期限是否符合相关规定。

三、教育民生工程审计

按照教育民生工程的管理流程，审计内容包括：

（一）开工前审计

开工前审计是指对教育民生工程开工前的主要工作实施的审计，包括投资决策审计、勘察设计审计、资金筹集审计、开工前准备工作审计、招标投标与施工合同审计等内容。

（二）在建期审计

主要内容有：

1.对教育民生工程准备阶段资金运用情况进行审计。主要内容有：建设用地是否按批准的数量征用，土地使用是否符合审批的规划要求，征地拆迁费用及“三通一平”费用支出和管理是否合规。

2.对教育民生工程调整概算情况进行审计。主要内容有：调整概算是否依照国家规定的编制办法、定额、标准由有资质单位编制，是否经有权机关批准；设计变更的内容是否符合规定，手续是否齐全；影响建设规模的单项工程间的投资调整和建设内容变更，是否按照规定的受理程序报批，有无擅自扩大建设规模、提高建设标准问题。

3.对教育民生工程经济合同实施情况进行审计。重点审计公经济合同是否符合国家法律，有关单位是否按合同条款执行。

4.对教育民生工程概算执行情况进行审计监督，分析重大差异原因。

5.对教育民生工程内部控制制度进行审计监督。重点审计内部控制制度是否健全，是否得以严格执行，以及内部控制制度在执行过程中的有效性情况。

6.对教育民生工程建设资金来源、到位与使用情况进行审计监督。主要内容有：建设资金来源是否合法；建设资金是否落实；建设资金是否按计划及时到位；建设资金使用是否合规，有无转移、侵占、挪用建设资金问题；有无非法集资、摊派和收费问题；建设资金是否和生产资金严格区别核算；有无损失浪费问题等。

7.对教育民生工程建设成本及其他财务收支核算进行审计监督。重点审计工程价款结算的真实性、合法性，财务报表的真实性；待摊投资超支幅度及原因，有无将不合法的费用挤入待摊费用；建设单位是否严格按照概算口径及有关制度对建设成本进行正确归集，单位工程成本是否准确；生产费用与建设成本以及同一机构管理的不同公共工程之间是否有成本混淆情况；有无“账外账”等违纪问题。

8.对教育民生工程设备、材料采购及管理情况进行审计。主要内容有：设备和材料等物资是否按设计要求进行采购，有无盲目采购行为；设备和材料等物资的验收、保管、使用和维护是否有效；建设物资是否与同期生产耗用物资严格区别核算。

9.对教育民生工程税费计缴情况进行审计监督。审查建设单位是否按照国家规定及时、足额地计提和交纳税费。

10.对教育民生工程执行环境保护法规、政策情况进行审计监督。重点审计工程设计、施工等各环节是否执行国家有关环境保护法和政策，环境治理项目是否和工程同步进行。

11.对教育民生工程设计单位进行审计监督。主要包括：工程设计是否按照批准的规模和标准进行；设计费用收取是否符合国家有关规定。

12.对教育民生工程施工单位进行审计监督。包括：施工单位有无非法转包工程行为；工程价款结算是否合法，有无偷工减料、高估冒算、虚报冒领工程价款等问题。

13.对教育民生工程监理单位进行审计监督。重点审计监理单位的资质情况，监理工作是否符合合同要求；监理收费是否符合国家有关规定等。

（三）竣工后审计

竣工后审计的审计内容包括：

1.对教育民生工程竣工决算报表进行审计监督。重点审计“竣工工程概况表”“竣工财务决算表”“交付使用资产总表”“交付使用资产明细表”的真实和合法性情况；竣工决算说明书的真实性与准确性情况。

2.对教育民生工程投资及概算执行情况进行审计监督。包括：各种资金渠道投入的实际金额；资金不到位的数额、原因及其影响；实际投资完成额；概算调整原则、各种调整系数、设计变更和估算增加的费用，核实概算总投资；核实工程超概算的金额，分析其原因，并查明扩大规模、提高标准和批准设计外投资的情况。

3.对教育民生工程的建筑安装工程核算、设备投资核算、待摊投资的列支的真实、合法、效益进行审计监督。

4.对教育民生工程交付使用资产情况进行审计监督。重点包括：交付的固定资产是否真实，是否办理验收手续；流动资产和铺底流动资金移交的真实性与合法性；交付无形资产的情况；交付递延资产的情况等。

5.对教育民生工程的未完工程量及所需的投资进行审计监督，查明是否留足投资和有无新增工程内容等问题。

6.对教育民生工程结余资金进行审计监督。主要内容有：银行存款、现金和其他货币资金；库存物资实存量的真实性，有无积压、隐瞒、转移、挪用等问题；往来款项，核实债权债务，有无转移、挪用建设资金和债权债务清理不及时等问题。

7.对建设收入的来源、分配、上缴和留成、使用情况的真实性、合法性进行审计监督。

8.对投资包干结余进行审计监督。重点审计包干指标完成情况，包干结余分配是否合规。

9.对教育民生工程投资效益进行评审。主要评价分析建设工期对投资效益的影响；分析工程造价；测算投资回收期、财务净现值、内部收益率等技术经济指标；分析贷款偿还能力，评价工程的经济效益、社会效益和环境效益等。

如为民办学校，则其用自有资金建设的校舍不在审计范围内。

四、教育民生政策措施贯彻落实情况跟踪审计

教育民生政策措施贯彻落实情况跟踪审计的审计内容包括：

1.教育民生政策贯彻落实情况。主要监督检查教育部门、各级各类学校贯彻落实党和国家教育民生政策的具体措施、执行进度和实际效果，重点揭示和反映政策落实中有令不行、有禁不止等问题，促进各项教育民生政策落地生根、发挥实效。

2.教育民生重大项目建设情况。主要监督检查对教育民生有重大影响的政府投资或以政府投资为主导的基础设施、公共工程项目的建设情况，重点审查规划立项、投资审批是否及时和项目建设进展，以及资金保障、竣工验收、项目运营等各环节任务完成情况，促进优化项目审批流程，加快项目实施进度，充分发挥政府投资的引导和放大效应。

3.重点资金保障情况。主要监督检查与党和国家教育民生政策有关的财政资金的筹集、分配、管理和使用情况，重点审查财政资金统筹整合、发挥效益情况，揭示和反映与党和国家教育民生政策有关的重点领域财政资金应投未投、保障不力，以及资金滞留闲置、效益低下、损失浪费等问题，促进合理配置财政资源、优化财政支出结构、提高财政资金使用绩效。

4.教育民生重大改革推进情况。主要监督检查与教育民生有关的重大改革的落实进展和实际效果，促进重大改革取得突破。揭示和反映改革措施不配套、不衔接甚至相互矛盾、抵消等问题，积极提出建议，促进改革协调推进、

形成合力。

5.教育民生制度规则完善情况。根据党和国家出台的教育民生重大政策措施，监督检查有关部门规章和地方性法规修订完善情况，促进及时建立健全与新政策新要求相适应的新办法、新规则。对不合时宜、制约发展、阻碍教育民生重大政策落实的法律和行政法规，推动及时清理完善。对改革发展过程中的探索创新和新情况新问题，积极提出建议，推动形成新的制度规定。

6.风险隐患防范情况。揭示教育民生领域存在的薄弱环节和风险隐患，以及可能引发的社会不稳定因素，注意发现和反映苗头性、倾向性问题，及时发出风险预警，积极提出解决问题和化解风险的建议，防止出现区域性和系统性风险，维护国家安全。

第三节　教育审计发现的典型问题

对应前述教育民生审计的主要内容，审计过程中发现的典型问题包括：

一、使用虚假申报材料套取教育民生专项资金

《财政部关于印发中央对地方专项转移支付管理办法的通知》(财预〔2015〕230号)第二十三条规定："专项转移支付资金的申报单位和个人应当保证申报材料的真实性、准确性、完整性。"这就要求各部门、各单位应确保申报教育民生专项资金相关材料的真实性、准确性、完整性，严禁提供虚假申报材料套取教育民生专项资金。然而审计中发现，一些部门和单位存在提供虚假申报材料套取教育民生专项资金的行为。

典型问题示例

使用虚假申报材料套取教育民生专项资金[①]

某省审计厅在对某省省属中等职业学校2009年至2010年中等职业国家助学金收支管理情况进行审计时发现，一些中等职业学校通过利用高中生、高职生、短期培训学生、打工人员信息注册技校生学籍，套取中等职业国家助学金。

① 审计署教科文卫审计司.教科文卫审计案例汇编［M］.北京：中国时代经济出版社，2017：49–50.

二、重复申报套取教育民生专项资金

《财政部关于印发中央对地方专项转移支付管理办法的通知》（财预〔2015〕230号）第二十三条规定："以同一项目申报多项专项转移支付资金（含地方安排的专项资金）的，应当在申报材料中明确说明已申报的其他专项转移支付资金或者专项资金情况。"第五十二条规定："各级政府财政部门和主管部门及其工作人员、申报使用专项转移支付资金的部门、单位及个人有下列行为之一的，依照预算法等有关法律法规予以处理、处罚，并视情况提请同级政府进行行政问责……（二）以虚报冒领、重复申报、多头申报、报大建小等手段骗取专项转移支付资金的。"这就要求各部门、各单位不得重复申报教育民生专项资金。然而审计中发现，一些部门和单位存在重复申报套取教育民生专项资金的行为。

典型问题示例

重复申报套取教育民生专项资金①

某特派办在对A省中小学校舍安全工程项目实施审计时发现，2009年7月，B县以C镇中心校教学楼维修改造名义申请2009年第一批农村中小学校舍维修改造资金，并获得维修改造补助资金××万元。该维修改造资金相关文件明确规定，列入校舍维修改造项目的校舍不再列入2009年开始实施的中小学校舍安全工程加固维修改造三年规划中，避免重复投入和资源浪费。但2010年12月，该县财政局和教育局又以C镇中心校教学楼名义申报并获取省级校舍安全工程专项补助资金××万元。

三、教育民生专项资金拨付不及时、不足额

我国《预算法》第五十七条规定："各级政府财政部门必须依照法律、行政法规和国务院财政部门的规定，及时、足额地拨付预算支出资金……各级政府、各部门、各单位的支出必须按照预算执行。"这就要求各级政府财政部门、教育部门及时、足额地向项目实施单位拨付教育民生专项资金。然而审计中发现，一些地方政府财政部门、教育部门拨付教育民生专项资金不及时、不足额，导致资金滞留中间环节，无法发挥资金效益。

① 审计署教科文卫审计司．教科文卫审计案例汇编［M］．北京：中国时代经济出版社，2017：182-186.

典型问题示例

教育民生专项资金拨付不及时、不足额①

某省审计厅对该省4市2012年至2013年上半年义务教育公用经费审计时发现，有2.96亿元公用经费滞留中间环节，其中滞留于财政部门2.06亿元，滞留于教育部门9010.2万元。如某县财政局2012年至2013年收到省财政厅拨入义务教育公用经费42615万元，拨付37495.81万元，截至2013年12月底，滞留义务教育公用经费结存结余款3871.40万元。

四、截留、挪用教育民生专项资金

我国《预算法》第六十三条规定："各部门、各单位应当加强对预算收入和支出的管理，不得截留或者动用应当上缴的预算收入，不得擅自改变预算支出的用途。"这就要求各相关部门和单位要严格按照教育民生专项资金的用途使用这些资金，严禁截留、挪用教育民生专项资金行为的产生。然而审计中发现，一些部门和单位存在截留、挪用教育民生专项资金的行为。

典型问题示例

截留、挪用教育民生专项资金②

某省审计厅对该省4市2012年至2013年上半年义务教育公用经费审计时发现，有1.17亿元义务教育公用经费被中间环节截留挪用，所截留挪用的资金主要用于预算平衡、职业教育、中考经费、办公费用、统筹信息设备费和补贴镇教育结算中心人员经费等。有57所公办学校违规将义务教育公用经费用于教师补贴、茶烟酒、伙食补助等，总计金额3045.7万元，占支出总额的39%。

五、违规乱收费

财政部《预算外资金管理实施办法》（财综字〔1996〕104号）第十三条规定："部门和单位要严格按照国家法律、法规和规章所规定的范围和标准，收取和提取预算外资金。"这就要求教育部门和所属单位、各级各类学校要按照

①② 审计署教科文卫审计司．教科文卫审计案例汇编［M］．北京：中国时代经济出版社，2017：70–74.

规定的范围和标准收取相关费用，严禁在规定项目外收费，严禁超范围、超标准、超出法定时限收费。然而审计中发现，一些部门和单位存在违规自设项目收费，超范围、超标准收费等行为。

典型问题示例

违规乱收费①

某市审计局在对该市教育委员会2013年至2014年6月底市级义务教育经费支出管理使用情况审计时发现，L中学等6所学校以加课费等名义无证收费1500余万元。

六、教育民生工程设计不符合安全标准

我国《建筑法》第五十四条规定："建设单位不得以任何理由，要求建筑设计单位或者建筑施工企业在工程设计或者施工作业中，违反法律、行政法规和建筑工程质量、安全标准，降低工程质量。"审计中发现，一些教育民生工程设计存在不符合安全标准的问题。

典型问题示例

教育民生工程设计不符合安全标准②

某特派办在对M省中小学校舍安全工程资金进行审计时，抽查M省所属N县、W县、H县等3县44所学校的156栋新建校舍时发现，设计单位均未按中国地震局提高地震动峰值加速度值的要求取值，影响了新建校舍的抗震性能。

七、教育民生工程施工偷工减料

我国《建筑法》第五十八条规定："建筑施工企业对工程的施工质量负责。建筑施工企业必须按照工程设计图纸和施工技术标准施工，不得偷工减料。"审计中发现，一些建筑施工企业在建设教育民生工程时，存在偷工减

① 审计署教科文卫审计司. 教科文卫审计案例汇编［M］. 北京：中国时代经济出版社，2017：3–5.

② 审计署教科文卫审计司. 教科文卫审计案例汇编［M］. 北京：中国时代经济出版社，2017：171–173.

料的行为。

典型问题示例

教育民生工程施工偷工减料[①]

某特派办在对中部某省2009年至2011年中小学校舍安全工程资金管理使用情况和建设效果进行审计时发现，Y县54个已完工项目擅自降低施工标准，墙体保温层设计厚度由60mm缩减为30mm。

八、教育民生政策执行不到位

审计中发现，存在一些教育民生政策贯彻落实不到位的问题。

典型问题示例

教育民生政策执行不到位[②]

2019年第二季度国家重大政策措施落实情况跟踪审计结果表明，2016年至2019年6月，黑龙江省明水县等7个县的2518名建档立卡贫困家庭学生应享受未享受“雨露计划”等教育扶贫补助资金392.28万元。

第四节 教育审计微案例

微案例一：义务教育阶段专项资金审计调查[③]

（一）项目基本情况

近几年来，某审计局认真贯彻“依法审计、服务大局、围绕中心、突出重点、求真务实”的指导思想，紧紧围绕党和政府的工作重心，重点聚焦社会关注的热点和难点问题，2015年开展了对S县2014年度义务教育阶段专项资

① 审计署教科文卫审计司．教科文卫审计案例汇编［M］．北京：中国时代经济出版社，2017：164-167.

② 审计署．2019年第8号公告附件．审计署官网，http：//www.audit.gov.cn/n5/n25/c134057/content.html，2019-08-23.

③ 本案例根据《S县2014年度义务教育阶段专项资金审计调查案例》整理而成．见：审计署教科文卫审计司编．教科文卫审计案例汇编［M］．北京：中国时代经济出版社，2017.

金的审计调查，较好地发挥了审计监督作用。审计结果得到了市政府、相关部门的高度重视。

1.立项背景。党的十八大以来，某市教育事业取得了较快的发展。有关数据表明，自2011年起，全市财政教育支出连续五年成为全市第一大公共财政支出。“十二五”时期，全市财政教育支出年均增长15%，其中义务教育阶段教育资金相比学前、高中等其他阶段教育，资金投入量最多。

2.立项依据。根据《中华人民共和国审计法》第二十七条的有关规定，2015年9月至10月，某审计局对S县2014年度义务教育专项资金管理使用情况进行了审计调查。

3.项目基本情况。2014年S县义务教育阶段专项资金包括全面改善贫困地区义务教育薄弱学校基本办学条件（以下简称“全面改薄”）项目、营养改善计划资金、特岗教师工资补助、寄宿生和乡村教师生活补助、义务教育阶段公用经费及农村教师周转宿舍建设资金等。

（二）项目实施情况

1.项目审计重点及具体目标。通过查阅S县教育局相关资料，外围走访调查该县财政局、国土局等有关单位，审计人员对S县义务教育阶段专项资金筹集管理、资金使用流程、资金收支基本情况和内部控制制度等内容进行了比较全面、具体、深入的调查了解。通过对这些情况和资料的分析、内控测试以及风险性评估，结合此次审计调查的立项背景和项目基本情况，审计组将S县“全面改薄”项目、农村教师周转宿舍建设项目、营养改善计划确定为本次审计调查重点，同时延伸调查义务教育专项资金涉及的某教育园区县级重点项目建设情况。一是调查S县“全面改薄”项目计划。重点核实县级相关部门对中央、省级、县级“全面改薄”资金分配、管理、使用的及时性、有效性，是否符合相关规定。二是调查S县营养改善计划的实施和资金管理使用情况。重点核实结余资金的形成原因，是否存在虚报人数、套取资金并挪作他用的问题；检查营养改善计划招投标是否合规，有无随意变更合同内容；抽查农村学校享受营养餐人数等相关资料，调查S县营养改善计划实施及管理水平。三是调查S县教师周转宿舍建设项目实施和资金管理使用情况。重点核实教师周转宿舍建设项目是否符合实际情况，资金有无挪用，项目建成后有无挪作他用，建设程序是否合规。

2.项目组织模式。结合义务教育阶段专项资金量大、涉及学校多且资金分散的特点，决定由行政事业处处长担任审计组组长，副处长担任副组长，处内其他6名业务骨干组成审计组实施此次审计调查。为确保此次审计调查项目的顺利实施，审计组根据审计调查实施方案确定了审计目标和审计重点。

3.项目审计的主要方式。在摸清S县义务教育阶段专项资金管理使用总体情况的基础上，审计组分为三个小组，对资金量大的职教园区建设、“全面改薄”和营养改善计划专项资金开展审计调查。

（1）抓主抓重，层层聚焦。由于资金投入使用在学校，故可同时兼顾农村教师周转宿舍、寄宿生补贴等专项资金的审计和实地走访调查，以及对涉及县财政直接拨付的乡村教师生活补贴、特岗教师工资补贴、公用经费等专项资金进行外围调查。该县县委、县政府高度重视当地教育发展，教育投入资金在县财政总支出中的占比较大，全县涉及义务教育专项资金学校300多所。审计组要求各小组在各自分工、各有侧重的前提下，坚持三天召开一次碰头会，及时沟通情况。同时，在审计调查期间，分管副县长深入审计一线，实地调研项目实施情况。在听取审计组阶段性工作汇报后，对发现的审计疑点、问题线索和下一阶段审计侧重点提出了抓主抓重、层层聚焦的要求，要求审计组紧紧围绕审计目标和重点，对发现的问题和线索要查深查透、深入剖析，从体制、机制及管理等方面进行综合分析，有针对性地提出审计建议，提升审计的质量和成果。此次审计调查，除审查账务账表和项目资料外，审计组还采取实地调查、座谈、走访等方式收集信息，查找线索。

（2）重点关注某教育园建设资金管理使用情况。审前调查了解到，2011年9月，S县委、县政府确定2012年至2014年实施某千亩教育集中区建设工程，总投资额3.8亿元。园区规划占地面积5000亩，分成建成区、核心区和配套区三个板块。建成区占地1250亩，由一中、二中和职教中心实训基地组成；核心区占地1500亩，工程包含新建学校6所（高中两所、职中1所、初中1所、小学1所、幼儿园1所）和教师培训中心，新增学校建设用地710亩，新增道路、广场建设用地300亩，新建校舍19.2万平方米；配套区占地2250亩，主要建设公园，即学生的“读书林”。审计组讨论分析认为，S县政府及教育局大力支持扶持教育园的建设，教育园规划面积较大、投入资金多，而按照S县近两年的财政收入情况看，无法满足核心区建设资金的需求，且核心区学校的建设年度符合这次审计调查的范围，因此，审计组将教育园核心区学校的建设资金筹集管理使用情况作为审计重点。重点调查建设程序是否合规，建设资金来源是否合规，是否存在挤占挪用其他专项资金进行建设以及配套资金是否及时到位，是否发挥作用。

4.项目审计技术方法。这次审计调查项目分散，资金使用范围广，在审计的方法上，主要采用以下两种。

（1）运用内部控制测评、重要性水平确定和风险评估，对重点资金管理使用进行摸排分析。审计组讨论分析认为，S县义务教育专项资金量大、项目多且资金比较分散，但根据资金管理和拨付渠道等审计调查摸排情况看，乡村教师生活补贴、特岗教师工资补贴资金、寄宿生补贴资金均通过县财政直接补助到有关学校及个人，管理比较规范。

（2）鉴于县级教育部门计算机运用有限，审计组充分运用Excel表格工具开展计算机辅助审计，重点分析检查“全面改薄”专项资金。由于该项目实施单位为学校，具有“三多”（学校数量多、学校性质多、项目实施类别多）的特征，加之部分学校电算化会计还未全部普及，专项资金的收支结余情况以手工账表记载反映，AO审计系统难以施展。为了掌握翔实、全面的资金运行情况，审计人员将该项目所有涉及的相关数据表格通过Excel表格全部关联到一张表格内，制作了项目建设情况表，将项目实施单位、学校性质、资金来源（中央、省、市、县）、资金收支结余、距县城公里数及项目建设情况（包含项目建设内容、前期费用、中标单位、中标价、立项时间、开工时间、工程进度、施工单位、监理单位、质保金比例）等内容汇集到一张表内。审计人员对数据的合理性设定了有效性限制，对数据之间的关系、关联设置了勾稽公式，对文字表述性内容设定了条件格式。按照表内各项内容设置下拉选项，审计人员可以用最快的速度直接筛选查找和掌握某类或某个项目具体实施情况和资金使用情况。同时，“全面改薄”项目实施学校大部分在贫困偏远的农村，项目实施单位以学校为主，需要审计人员实地调查核实项目实施情况的，审计组根据学校分布地图和项目实施重要性程度，确定高效科学的实地调查路线，大大节约了现场审计工作时间。通过上述方法，极大地提高了工作效率和审计质量。

（三）审计发现的主要问题

审计组按照审计调查实施方案确定的重点层层聚焦，发现确实存在教育园建设想方设法挤占其他专项资金的情况，特别是用补短板的“全面改薄”项目资金建设教育园。

挤占专项资金3210万元用于教育园学校建设。一是将2012年至2013年省财政下达的农村义务教育薄弱改造补助资金1200万元用于新建C高中学校食堂、教学楼、综合楼。二是将C高中纳入S县2014年和2015年《全面改善贫困地区义务教育薄弱学校基本办学条件项目实施计划》，并用“全面改薄”县级资金600万元用于该高中3个建设项目。三是将中央“全面改薄”专项资金800万元用于C高中教学楼建设。四是将2013年中西部农村初中校舍改造工程中央基建资金400万元用于教育园D中学公寓楼建设。五是挪用农村义务教育阶段家庭经济困难寄宿生生活补助资金210万元用于教育园区建设。

审计调查还发现除教育园建设以外的问题，如S县教育局将农村义务教育薄弱校改造补助资金1500万元、“全面改薄”县级资金2300万元用于非义务教育阶段的Y学校食堂、教学楼等项目建设。

案例讨论题：

请结合案例材料分析如何设计审计程序，以审查被审计单位是否存在挪用教育民生专项资金的问题？

微案例二：中学财务收支审计①

2006年财政部下文免收“学杂费”，实行“一费制”，除课本费、作业本费和寄宿生住宿费外，不允许再有其他任何收费。2008年财政部再次下文，自2009年1月1日起，取消借读费和杂费，以切实减轻老百姓的教育负担。然而这些惠民政策执行得如何，并不是几份文件就能规定、落实得了的。D县审计局在今年年初制定项目计划时，就将审计的重点之一放在了教育收费政策的执行上。日前，该县在开展行政事业财务收支常规审计中，通过“赞助费”的蛛丝马迹严查深究，查出该县某九年制义务教育中学存在账外乱收费的严重问题，国家减轻老百姓教育负担，强民惠民的政策变成一纸空文。

（一）审前调查，反映良好

2011年5月上旬，D县审计局按照全年审计工作计划，开始对该县某九年义务制教育中学2009—2010年财务收支进行常规审计。审计组进点前按照审计程序进行了充分的审前调查。从调查情况看，该校属县城范围内两所九年义务制教育中学之一，教师220人，学生4800人，每年财政拨入的公务经费300余万元，各项管理制度较健全，未发现乱收费现象；师资力量强、生源丰富，教学质量、校风状况及学校口碑都较好。审前调查过程中，没有收集到家长或群众反映学校负面情况的信息。

（二）账面审计，显露端倪

2011年5月11日，审计组进驻该校，一边对财务账目进行检查，一边对会计凭证进行核实。通过账面科目的审计，了解到2009年“其他收入”科目中有43万元，2010年又有54万元，审计人员通过对该校收入来源状况的认真分析，认为该校属九年义务制教育中学，除按有关规定收取课本、教辅材料、作业本、考试卷等部分特许代收费外属零收费，应该不至于有如此大额的其他收费项目，这一异常情况引起了审计人员的高度警觉。再通过对原始凭证的审查，也发现数笔非正常的收款项目，均是以该校出具的行政事业收款收据收取的赞助款，

① 江小红，伍华林，石振宇．赞助费的“猫腻”：D县审计局对某中学财务收支审计案例［J］．审计与理财，2011（08）．

有的是以家长名义赞助，有的是以公司老板名义赞助，经核实，两年5笔赞助款共计43.2万元。审计人员通过对账面和原始凭证的对比，分析判断虽然数额上有较大的差别，但均属于极不正常现象，两者之间必然存在某种内在联系。

（三）深入调查，疑云重重

审计人员找到该校会计进行询问，当问及这些家长和公司老板为什么要进行赞助，而且如此慷慨时，会计说他只是按照分管财务的副校长的安排进行财务处理，自己对具体情况并不清楚。接着，审计人员又找到分管财务的副校长了解情况，该副校长也是支支吾吾，表示自己也不了解具体情况，直至找到校长，他言及这些家长和老板因与他本人私交甚密，知道学校十分困难，又在搞校建，为帮助摆脱目前财务困境，人家主动赞助。对此，审计人员认为这不过是一种搪塞，虽然与校长关系好，那也只是在校长私人有什么困难时，朋友才会主动上前帮助，而学校有困难，应该是请求教育局、县政府帮助解决，还不至于人家无缘无故找上门来给钱。面对重重疑问，审计人员兵分两路，一路从出票人入手，加大内部调查力度；另一路联系赞助人，加大外围调查力度。审计组突击对出纳进行了询问，出纳说款项是总务处交来的，当问及总务处主任时，该主任一口咬定是赞助款。至此，审计内部调查一度陷入僵局。

（四）晓之以法，真相大白

为尽快揭开谜底，审计组向总务处主任表明态度，如此数额巨大的赞助款，无论是真是假审计都会查个水落石出，而且审计组已派人对赞助人进行调查，一旦发现情况不实，到时候承担主要法律责任的，总务处主任首当其冲。在审计人员强大心理攻势下，该主任态度渐渐有所改变，但还是举棋不定。审计人员趁机进一步宣讲因违反审计法而受到严肃查处的典型事例，总务处主任经过一再权衡利害关系，最终放弃继续隐瞒事实的做法。原来，该校在2009年和2010年两年间以账外形式向学生收取教辅资料费，共计140多万元，只在总务处进行登记，并未入账。这些款项均用于购买省教育厅规定《教辅材料参考书目》以外的教辅资料，而通过不正当渠道购买这些“编外”资料，因质量不高（多数是盗版资料）而存在极大的利润空间，为此学校收取了43.2万元的大额回扣，为逃避检查监督，学校才以家长和公司老板赞助费名义入账。审计组经进一步内查外调，证实以上情况属实。至此，一起账外“乱收费”的违法违规案件真相大白。

案例讨论题：

请根据案例材料，分析审计人员在审查被审计单位账外乱收费过程中所使用的审计方法。

本章参考文献：

[1] 审计署行政事业审计司.部门预算执行审计指南[M]. 北京：中国时代经济出版社，2007.

[2] 江小红，伍华林，石振宇.赞助费的"猫腻"：D县审计局对某中学财务收支审计案例[J]. 审计与理财，2011(08).

[3] 尹平，郑石桥.政府审计学[M]. 北京：中国时代经济出版社，2013.

[4] 王会金，许莉.审计学基础[M]. 北京：中国时代经济出版社，2014.

[5] 审计署财政审计司.财政审计[M]. 北京：中国时代经济出版社，2015.

[6] 审计署教科文卫审计司.教科文卫审计案例汇编[M]. 北京：中国时代经济出版社，2017.

[7] 裴育，欧阳华生.财政审计学[M]. 北京：高等教育出版社，2018.

[8] 胡泽君.中国国家审计学[M]. 北京：中国时代经济出版社，2019.

[9] 审计署. 2019年第8号公告附件[EB/OL]. http：//www.audit.gov.cn/n5/n25/c134057/content.html，2019-08-23.

6 Chapter 第六章 科技审计

第一节　科技审计概述

一、科技民生审计的概念

科技民生审计，是指审计机关以维护国家和社会安定和谐为目标，依法对科技领域与人民群众利益密切相关的事项进行的审计监督。

从政府审计的角度来看，教育领域与人民群众利益密切相关的事项主要包括：(1)科技领域与民生相关的财政专项资金（以下简称“科技民生专项资金”）的支出，如“农业科技成果转化资金”“科技富民强县专项行动计划资金”“基层科普行动计划专项资金”等。这些资金的规范管理与使用，有助于为民众提供更好的科技服务。(2)科技领域与民生相关的收费，如科技部门所属事业单位向个人收取的技术合同登记服务费等。这些收费决定了民众为了获得科技服务所承担的财务负担的轻重。(3)科技领域与民生相关的基本建设项目（以下简称“科技民生工程”），如农村信息化示范站点的新建、改建与修缮等。这些基建项目有助于为民众提供更好的科技服务。(4)科技领域与民生相关的公共政策（以下简称“科技民生政策”），如科技扶贫、农村信息化示范省建设、金太阳示范工程等政策。这些政策关乎民众能否通过科技提高收入水平、改善生活条件。由于上述事项与人民群众利益密切相关，审计机关在对科技育领域开展民生审计时，应将其作为审计内容。

二、审计目标

科技民生审计的目标是促进科技领域深化改革，在科技领域保障和改善基本民生、维护人民利益。审计机关要按照《中华人民共和国国民经济和社会发展第十三个五年发展规划》提出的“坚守底线、突出重点、完善制度、引导预期，注重机会公平，保障基本民生，不断提高人民生活水平，实现全体人民共同迈入全面小康社会”的要求，确保科技领域与民生相关的政策要求、预算安排、资金拨付和基建项目落地生根、不断完善和发挥实效，推动提高科技领域的民生保障水平。

在对科技领域民生事项实施审计的过程中，审计人员应关注的审计目标包括科技领域民生事项的真实性、合法性、效益性。真实性是指科技领域民生事项的相关数据是否真实，如相关收支的真实性；合法性是指科技领域民生事项涉及的行为是否遵守相关的法律法规，如科技领域涉及民生收费的合规性；效益性是指科技领域民生事项的经济性、效率性和效果性，如科技富民强县专项行动计划实施结果的经济性、效率性和效果性。

在审计过程中，对于上述真实性、合法性、效益性，可能有多种选择，既可以同时兼顾，也可以选择某些方面作为重点。同时，对于选定的目标，可以有批判性定位，也可以有建设性定位，还可以二者兼顾。

三、审计对象

审计对象又称“审计客体”，是指审计活动的对象，回答的基本问题是“审计谁”。就科技领域民生审计而言，其审计对象主要包括以下几类：

1.各级政府财政部门。各级政府财政部门负责科技民生专项资金预算的编制，资金的分配、下达、监督与绩效评价等事宜。

2.各级政府发展改革部门。各级政府发展改革部门负责科技领域与民生相关建设项目的审批。

3.各级政府科技部门。各级政府科技部门负责科技领域与民生相关公共政策的制定，与民生相关财政资金的分配、下达、项目管理与监督，相关行政事业性收费、罚款的执收等事宜。

4.其他对相关科技民生专项资金有分配权的主管部门，如各级经信委。

5.各类科技民生专项资金使用单位，包括各级科普服务中心、科技馆，各级各类科研院所，各类企业等。

6.参与科技民生工程的设计、施工、监理、供货的企业和事业单位。

审计过程中，审计人员可依据各类审计对象在科技民生事项中承担的职责，对其开展审计。

四、审计依据

审计依据又称“审计标准”，是审计人员在审计过程中用来衡量被审计事项是非优劣的准绳，是衡量审计客体的尺度，是提出审计意见、作出审计结论的客观标准。与科技领域民生审计真实性、合法性审计目标相关的审计依据主要有：

《中华人民共和国科学技术进步法》；

《中华人民共和国科学技术普及法》；

《中华人民共和国预算法》；

《中华人民共和国建筑法》；

《中华人民共和国合同法》；

《中华人民共和国政府采购法》；

《中华人民共和国招标投标法》；

《中华人民共和国价格法》；

《中华人民共和国预算法实施条例》；

《行政单位财务规则》；

《行政单位会计制度》；

《事业单位财务规则》；

《事业单位会计制度》；

《事业单位会计准则》；

由中国共产党各级党委、各级政府或科技部门制定的与科技领域民生相关的公共政策；

科技领域与民生相关的财政资金管理办法；

科技部门及所属事业单位的年度预算；

科技领域与民生相关收费的收费文件。

第二节　科技审计主要内容

一、科技民生专项资金审计

科技民生专项资金审计的审计内容应根据资金在管理流程中涉及的相关事项来确定。主要包括以下四方面：

1.科技民生专项资金的设立、调整和撤销审查。审查科技民生资金的设立是否有明确的法律法规依据，审查新增科技民生专项资金是否与现有专项资金使用方向或者用途一致，是否属于重复设立。审查科技民生专项资金设立是否明确执行期限，执行期限是否超过5年（法律法规另有规定的，从其规定）。

审查发生以下情况时，科技民生专项资金的调整或撤销情况，包括：客观状况发生变化，专项资金设立的目标失去意义或者需要完成的特定任务已不存在；客观状况发生变化，需要调整使用范围或金额；对同一类使用方向和用途的专项资金，有必要归并整合，统筹安排；专项资金的绩效达不到主要预期目标；专项资金的管理、使用存在违法违纪问题，情节严重或者经整改无效；财力状况发生重大变动；其他需要调整或撤销的状况。

2.科技民生专项资金的申报、审核和分配审查。审查申报单位或个人申报材料的真实性、准确性、完整性。审查申报项目是否具备实施条件，审查是否存在同一项目申报多项科技民生专项资金的情况。审查财政部门和科技部门是否及时发布申报指南或其他与资金申报有关文件。审查基层政府有关部门是否公平对待申报单位和个人，实行竞争性分配的，是否明确筛选标准，公示筛选结果。

审查科技民生专项资金的分配是否公平、合理、合规。采用因素法分配资金的，选取因素是否客观公正、各因素相对应的权重或标准是否合理。采取项目法分配资金的，是否采取竞争性评审方式，是否通过发布公告、第三方评审、集体决策等程序择优分配资金。采取第三方评审的，是否在资金管理办法中对第三方进行规范，是否明确第三方应当具备的资质、选择程序、评审内容等。

3.科技民生专项资金的下达、拨付和使用审查。审查各级政府财政部门下达科技民生专项资金的及时性。审查科技民生专项资金的支付是否按照国库集中支付制度有关规定执行。是否存在将科技民生专项资金从国库转入财政专户，或将科技民生专项资金支付到预算单位实有资金银行账户的违规行为。审查预算单位拨付科技民生专项资金的及时性、足额性。审查科技民生专项资金在使用时是否存在截留、挤占、挪用等情形。

4.科技民生专项资金的绩效目标和执行效果审查。科技民生专项资金的绩效目标审计的审计内容包括：绩效目标是否能清晰反映科技民生专项资金的预期产出和效果，并以相应的绩效指标予以细化、量化描述，绩效指标主要包括产出指标、效益指标和满意度指标等。审查是否存在绩效目标设定不合理或未设定的情形，审查绩效目标设定的依据是否合理合规，审查设定绩效指标时所依据或参考标准的真实、可靠性。

科技民生专项资金的执行效果审计的审计内容包括：审查科技民生专项资金的实施是否达到预期的经济效益和社会效益，审查是否存在项目闲置、工程停工下马、工程质量低劣、项目失败、效益低下，以及损失浪费的问题。

科技民生专项资金审计的审计思路，可以以相应资金的管理流程为主线，结合审前调查了解到的情况，重点关注科技民生资金的管理在各个阶段存在的风险点。

二、科技领域民生相关收费审计

按照科技领域民生相关收费的管理流程，对其审计的审计内容包括：

1.立项审批。查阅收费项目的立项审批文件，审查同意收费项目的单位是否具有审批资格，分析收费项目是否属于国家明令禁止设立的收费项目。

2.征收管理。(1)审查执收单位是否办理“收费许可证”“罚没许可证”，“收费许可证”“罚没许可证”是否通过年检，执收单位有无涂改、转借“收费许可证”行为，有无使用过期的“收费许可证”。(2)审查执收单位是否在本行政区域范围内实施的收费项目外自定收费项目。(3)审查执收单位是否按规定的征收范围、征收对象、征收标准、征收期限及时足额征收，严格按照征管办法征收相关的费用，是否存在超范围、超标准、超期限征收，审查执收单位是否依法征收滞纳金、收费退付是否合理。

3.资金管理。审查执收单位是否违规开设非税收入过渡性账户。如开设，应进一步查阅账户的收支结余情况，审查执收单位是否将过渡性账户中的资金及时足额上缴财政部门的非税收入汇缴专户，是否隐匿、滞留、截留本单位收取的费用，是否坐支、挪用过渡性账户中的资金，是否直接从过渡性账户中私自提留征管经费用于单位的经费支出，是否存在私存私放、私分所收款项等行为。

4.票据管理。(1)审查执收单位是否按照预算级次或财政隶属关系，向本级财政部门申领非税收入票据；是否按规定办理“非税收入票据领购证”，领购和使用财政票据所执行的文件依据是否合法、有效，实际领购的财政票据种类和数量是否与“非税收入票据领购证”记录相符，是否私自转让、销毁“非税收入票据领购证”。(2)审查票据使用是否合规，票据的填写是否真实完整，是否存在混用、串用、代开非税收入票据的行为，是否使用往来票据和违规票据收费，把非税收入挂往来账从而隐藏收入逃避监管。(3)审查票据管理是否合规。

5.减免、缓征管理。审查相关部门有无越权批准收费的减免、缓征，减免、缓征收费是否符合相关条件，减免幅度、缓征期限是否符合相关规定。

三、科技民生工程审计

按照科技民生工程的管理流程，对其审计的审计内容包括三个方面。

（一）开工前审计

开工前审计是指对科技民生工程开工前的主要工作实施的审计，包括投资决策审计、勘察设计审计、资金筹集审计、开工前准备工作审计、招标投标与施工合同审计等内容。

（二）在建期审计

主要内容有：

1.对科技民生工程准备阶段资金运用情况进行审计。包括：建设用地是否按批准的数量征用，土地使用是否符合审批的规划要求，征地拆迁费用及“三通一平”费用支出和管理是否合规。

2.对科技民生工程调整概算情况进行审计。包括：调整概算是否依照国家规定的编制办法、定额、标准由有资质单位编制，是否经有权机关批准；设计变更的内容是否符合规定，手续是否齐全；影响建设规模的单项工程间的投资调整和建设内容变更，是否按照规定的受理程序报批，有无擅自扩大建设规模、提高建设标准问题。

3.对科技民生工程经济合同实施情况进行审计。重点审计公经济合同是否符合国家法律，有关单位是否按合同条款执行。

4.对科技民生工程概算执行情况进行审计监督，分析重大差异原因。

5.对科技民生工程内部控制制度进行审计监督。重点审计内部控制制度是否健全，是否得以严格执行，以及内部控制制度在执行过程中的有效性情况。

6.对科技民生工程建设资金来源、到位与使用情况进行审计监督。包括：建设资金来源是否合法；建设资金是否落实；建设资金是否按计划及时到位；建设资金使用是否合规，有无转移、侵占、挪用建设资金问题；有无非法集资、摊派和收费问题；建设资金是否和生产资金严格区别核算；有无损失浪费问题等。

7.对科技民生工程建设成本及其他财务收支核算进行审计监督。重点审计工程价款结算的真实性、合法性，财务报表的真实性；待摊投资超支幅度及原因，有无将不合法的费用挤入待摊费用；建设单位是否严格按照概算口径及有关制度对建设成本进行正确归集，单位工程成本是否准确；生产费用与建设成本以及同一机构管理的不同公共工程之间是否有成本混淆情况；有无“账外账”等违纪问题。

8.对科技民生工程设备、材料采购及管理情况进行审计。包括：设备和材料等物资是否按设计要求进行采购，有无盲目采购行为；设备和材料等物资的验收、保管、使用和维护是否有效；建设物资是否与同期生产耗用物资严格区别核算。

9.对科技民生工程税费计缴情况进行审计监督。审查建设单位是否按照国家规定及时、足额地计提和缴纳税费。

10.对科技民生工程执行环境保护法规、政策情况进行审计监督。重点审计工程设计、施工等各环节是否执行国家有关环境保护法和政策，环境治理项目是否和工程同步进行。

11.对科技民生工程设计单位进行审计监督。主要包括：工程设计是否按照批准的规模和标准进行；设计费用收取是否符合国家有关规定。

12.对科技民生工程施工单位进行审计监督。包括：施工单位有无非法转包工程行为；工程价款结算是否合法，有无偷工减料、高估冒算、虚报冒领工程价款等问题。

13.对科技民生工程监理单位进行审计监督。包括：重点审计监理单位的资质情况，监理工作是否符合合同要求；监理收费是否符合国家有关规定等。

（三）竣工后审计

竣工后审计的审计内容有：

1.对科技民生工程竣工决算报表进行审计监督。重点审计“竣工工程概况表”“竣工财务决算表”“交付使用资产总表”“交付使用资产明细表”的真实和合法性情况；竣工决算说明书的真实性与准确性情况。

2.对科技民生工程投资及概算执行情况进行审计监督。包括；各种资金渠道投入的实际金额；资金不到位的数额、原因及其影响；实际投资完成额；概算调整原则、各种调整系数、设计变更和估算增加的费用，核实概算总投资；核实工程超概算的金额，分析其原因，并查明扩大规模、提高标准和批准设计外投资的情况。

3.对科技民生工程的建筑安装工程核算、设备投资核算、待摊投资的列支的真实、合法、效益进行审计监督。

4.对科技民生工程交付使用资产情况进行审计监督。重点包括：交付的固定资产是否真实，是否办理验收手续；流动资产和铺底流动资金移交的真实性与合法性；交付无形资产的情况；交付递延资产的情况等。

5.对科技民生工程的未完工程量及所需的投资进行审计监督，查明是否留足投资和有无新增工程内容等问题。

6.对科技民生工程结余资金进行审计监督。主要内容有：银行存款、现金和其他货币资金；库存物资实存量的真实性，有无积压、隐瞒、转移、挪用等问题；往来款项，核实债权债务，有无转移、挪用建设资金和债权债务清理不及时等问题。

7.对建设收入的来源、分配、上缴和留成、使用情况的真实性、合法性进行审计监督。

8.对投资包干结余进行审计监督。重点审计包干指标完成情况，包干结余分配是否合规。

9.对科技民生工程投资效益进行评审。主要评价分析建设工期对投资效益的影响；分析工程造价；测算投资回收期、财务净现值、内部收益率等技术经济指标；分析贷款偿还能力，评价工程的经济效益、社会效益和环境效益等。

四、科技民生政策措施贯彻落实情况跟踪审计

科技民生政策措施贯彻落实情况跟踪审计的审计内容包括：

1.科技民生政策贯彻落实情况。主要监督检查各级科技部门及其他相关主体贯彻落实党和国家科技民生政策的具体措施、执行进度和实际效果，重点揭示和反映政策落实中有令不行、有禁不止等问题，促进各项科技民生政策落地生根、发挥实效。

2.科技民生重大项目建设情况。主要监督检查对科技民生有重大影响的政府投资或以政府投资为主导的基础设施、公共工程项目的建设情况，重点审查规划立项、投资审批是否及时和项目建设进展，以及资金保障、竣工验收、项目运营等各环节任务完成情况，促进优化项目审批流程，加快项目实施进度，充分发挥政府投资的引导和放大效应。

3.重点资金保障情况。主要监督检查与党和国家科技民生政策有关的财政资金的筹集、分配、管理和使用情况，重点审查财政资金统筹整合、发挥效益情况，揭示和反映与党和国家科技民生政策有关的重点领域财政资金应投未投、保障不力，以及资金滞留闲置、效益低下、损失浪费等问题，促进合理配置财政资源、优化财政支出结构、提高财政资金使用绩效。

4.科技民生重大改革推进情况。主要监督检查与科技民生有关的重大改革的落实进展和实际效果，促进重大改革取得突破。揭示和反映改革措施不配套、不衔接甚至相互矛盾、抵消等问题，积极提出建议，促进改革协调推进、形成合力。

5.科技民生制度规则完善情况。根据党和国家出台的科技民生重大政策措施，监督检查有关部门规章和地方性法规修订完善情况，促进及时建立健全与新政策新要求相适应的新办法、新规则。对不合时宜、制约发展、阻碍科技民生重大政策落实的法律和行政法规，推动及时清理完善。对改革发展过程中的探索创新和新情况新问题，积极提出建议，推动形成新的制度规定。

6.风险隐患防范情况。揭示科技民生领域存在的薄弱环节和风险隐患，以

及可能引发的社会不稳定因素，注意发现和反映苗头性、倾向性问题，及时发出风险预警，积极提出解决问题和化解风险的建议，防止出现区域性和系统性风险，维护国家安全。

第三节 科技审计发现的典型问题

对应前述科技民生审计的主要内容，审计过程中发现的典型问题包括：

一、使用虚假申报材料套取科技民生专项资金

《财政部关于印发中央对地方专项转移支付管理办法的通知》(财预〔2015〕230号)第二十三条规定："专项转移支付资金的申报单位和个人应当保证申报材料的真实性、准确性、完整性。"这就要求申报单位应确保申报科技民生专项资金相关材料的真实性、准确性、完整性，严禁提供虚假申报材料套取科技民生专项资金。然而审计中发现，一些单位存在提供虚假申报材料套取科技民生专项资金的行为。

典型问题示例

使用虚假申报材料套取科技民生专项资金①

审计署F特派办在对某省科技创新专项资金进行审计时发现，A省B市鑫鑫公司使用虚假材料申报"盐碱地综合治理及推广示范项目"，申请A省科技厅创新专项资金1000万元。审计人员发现，申报书中所列日本专利（特愿2009—2004××）还在申请中，尚未得到批准，还不是真正的专利。

二、重复申报套取科技民生专项资金

《财政部关于印发中央对地方专项转移支付管理办法的通知》(财预〔2015〕230号)第二十三条规定："以同一项目申报多项专项转移支付资金(含地方安排的专项资金)的，应当在申报材料中明确说明已申报的其他专项转移支付资金或者专项资金情况。"第五十二条规定："各级政府财政部门和主管部门及

① 审计署教科文卫审计司．教科文卫审计案例汇编［M］．北京：中国时代经济出版社，2017：261-266.

其工作人员、申报使用专项转移支付资金的部门、单位及个人有下列行为之一的，依照预算法等有关法律法规予以处理、处罚，并视情况提请同级政府进行行政问责……（二）以虚报冒领、重复申报、多头申报、报大建小等手段骗取专项转移支付资金的。”这就要求各部门、各单位不得重复申报科技民生专项资金。然而审计中发现，一些部门和单位存在重复申报套取科技民生专项资金的行为。

典型问题示例

重复申报套取科技民生专项资金①

2015年，T市审计局在对该市科技专项资金进行审计调查时发现，A新能源公司以“光伏发电示范项目”申报国家金太阳示范工程财政补助资金6917万元，又重复申请本级战略性新兴产业财政专项补助200万元。

三、科技民生专项资金监管不严格

在对科技民生专项资金进行监管的过程中，各级政府财政、科技部门应按照各项科技民生专项资金管理办法的要求，对申报材料审核，资金分配、下达与拨付，项目绩效评价，事中监督检查等环节进行严格监管。然而审计中发现，某些财政部门、科技部门存在监管不严格，导致不符合条件的申报项目得以审核通过等问题。

典型问题示例

科技民生专项资金监管不严格②

2015年，T市审计局在对该市科技专项资金进行审计调查时发现，A节能技术申报获批的国家金太阳示范工程项目，按相关规定，需在2012年年底完成，但实际却在2013年12月31日建成。截至2015年5月，该项目尚未并网发电。财政部明确规定：2014年6月30日之后建成并网的项目一律取消，并收回已拨付的补助资金。审计发现，该项目不但未收回前期的补助资金，还获得国家财政补助5000万元。

① 审计署教科文卫审计司．教科文卫审计实践探索与案例选编［M］．北京：中国时代经济出版社，2019：155-157.

② 审计署教科文卫审计司．教科文卫审计实践探索与案例选编［M］．北京：中国时代经济出版社，2019：155-158.

四、违规乱收费

财政部《预算外资金管理实施办法》（财综字〔1996〕104号）第十三条规定："部门和单位要严格按照国家法律、法规和规章所规定的范围和标准，收取和提取预算外资金。"这就要求教育部门和所属单位、各级各类学校要按照规定的范围和标准收取相关费用，严禁在规定项目外收费，严禁超范围、超标准、超出法定时限收费。然而审计中发现，一些部门和单位存在违规自设项目收费，超范围、超标准收费等行为。

典型问题示例

违规乱收费①

N特派办在对科技政策落实情况进行审计时发现，×省科技厅所属×省高新技术创业服务中心等5家事业单位以该省物价局、财政厅相关文件同意收取技术合同登记工本费为依据，向申请合同登记的企业、单位和个人搭车收取技术合同登记服务费，收费标准为0.5‰至5‰不等，超出该省科技厅确定的0.5‰、1‰两档标准。2013年至2015年11月，5家单位共收取服务费5242.87万元。

五、科技民生工程多计工程结算价款

审计中发现，一些科技民生工程存在工程结算价款不准确，多计工程结算价款的问题。

典型问题示例

科技民生工程多计工程结算价款②

2018年2月至5月，上海市审计局对上海科技馆负责建设的上海自然博物馆（上海科技馆分馆）工程项目进行了竣工决算审计。审计发现，该项目上报工程结算中，因工程量计量依据不充分、人工和材料价格补差计价不准确等原因，多计工程结算价款合计138.68万元。

① 审计署教科文卫审计司．教科文卫审计案例汇编［M］．北京：中国时代经济出版社，2017：238-240.

② 上海市审计局．上海自然博物馆（上海科技馆分馆）工程项目竣工决算审计结果．上海市审计局网站，http：//sjj.sh.gov.cn/n427/20191128/0029-30348.html，2019-11-28.

六、科技民生重大项目建设未达预期效果

审计中发现，存在一些科技民生重大项目建设未达预期效果的问题。

典型问题示例

科技民生重大项目建设未达预期效果①

2019年第二季度国家重大政策措施落实情况跟踪审计结果表明，截至2019年6月底，天津市津南国家农业科技园区入驻涉农企业少，核心区内37.39万平方米土地用于商品房开发和建设马场、会所等项目。

第四节　科技审计微案例

微案例一：科技民生专项资金审计②

审计署于2011年年底到2012年年初统一组织民口国家科技重大专项例行审计，其中一个是“水专项”。所谓“水专项”，即“水体污染控制与治理”国家科技重大专项。

最初接到“水专项”的审计任务时，审计组的同志作了充分的动员和准备，他们一边调阅大量的项目申报资料、法规文件，作好审前准备；一边仔细梳理方方面面的审计资料，筛选重点课题和重点单位。经过研究，他们将审计重点放在资金量比较大、子课题多且转包比例高、成立时间短的课题承担单位承担的课题上，“按照过去的经验，这样的课题经费管理不完善，也容易发生问题”。

审计署进行审计时，该专项仅环境保护部牵头的课题就有130多个，审计组最终划出了70多个需要重点审计的课题，其中原全国政协委员、浙江大学环境与资源学院常务副院长陈英旭主持的A课题成了此次审计的重点项目之一。

刘素是该案经办人。她还记得，审计组在拿到“水专项”的相关课题材料后，很快就注意到总经费3亿多元、国家拨付超过1亿元的A课题，“这个项目有10个子课题，子课题下面又有30多个协作单位，是所有项目中最多的，

① 审计署. 2019年第8号公告附件. 审计署官网，http://www.audit.gov.cn/n5/n25/c134057/content.html，2019-08-23.

② 刘星. 国家审计故事系列报道之四：国家科技重大专项审计“解密” 多位“高知”涉案［N］. 中国青年报，2015-07-09（004）.

填出来的表数量巨大。”一位工作人员表示。

A课题随后被列入“水专项”第一批审计项目，刘素和同事被派到了浙江大学。10个子课题中，第四子课题由陈英旭直接牵头负责，而该课题又牵涉到两家协作公司——杭州高博环保科技有限公司（以下简称“高博公司”）和杭州波易环保工程有限公司（以下简称“波易公司”）。第四子课题的经费大多进入了这两家公司。

“当时就觉得这两家公司可能有问题。”刘素表示，当时陈英旭告诉审计人员，两家公司主要负责一些相关示范工程的建设，而且成果不错，可这两家公司在业内并没有什么知名度，规模也不大。

审计人员决定先去高博公司看看。公司的位置很偏，办公室里只零星坐着几个工作人员，“一看就是学生的样子”。而调走相关账目记录后，审计人员发现，公司里的钱基本上是以一个人先借款，然后再用一些建筑工程发票去冲抵的方式被提了出去，且借款人都是陈英旭的学生杨某。

审计人员找到杨某后，面对一连串的追问，他最终承认，是导师陈英旭授意自己通过公司将经费套出，高博公司实际的注册人则是陈英旭的母亲。波易公司的操作手法也与高博公司类似。

通过审计账目，审计人员发现陈英旭通过两家公司，在第四子课题和第十子课题上套出了约1000万元的科研经费。线索随后被移送至检察机关，而陈英旭也很快被撤销了第十一届全国政协委员的资格。

2014年1月7日，陈英旭因贪污水专项课题经费900余万元，被杭州市中级人民法院判处有期徒刑10年。

案例讨论题：

请结合案例材料总结审计客体套取财政专项资金的手段。

微案例二：科技民生专项资金审计[①]

2015年春节刚过，T市审计局公布了审计项目计划，将科技资金项目确定为2015年度一号重点项目，组织3个业务处12名审计人员共同实施。

（一）细致调查，确定重点

财政处长老陈被任命为审计组长后，马上开始审前调查，并总结出科技资金的“一大二多”特点：一是资金规模大。T市2011年至2014年财政性科技经费支出合计321749.02万元。二是资金管理层级和部门多。财政科技资金

① 本案例根据《T市科技专项资金审计调查案例》改编而成．见：审计署教科文卫审计司编．教科文卫审计实践探索与案例选编［M］．北京：中国时代经济出版社，2019.

既有纵向不同层级，如国家、省、市、县级的财政科技资金，又有横向不同部门管理财政资金，如财政、科技、经信、发改、开发区、农科院、社科联、科协等。三是科技资金使用单位多。既有科技资金分配单位直接使用资金，又有企业和科研院所通过主管单位二次分配使用资金。

审前调查完成后，老陈召开了审计实施方案讨论会。大家纷纷建言，最终得出一致结论：科技资金涉及部门多、资金量大、资金种类多，所以不能面面俱到，审计调查必须突出重点。因为涉及部门太多，而科技局、财政局作为分配单位应该是重点抽查单位；考虑到T市的科技资金绝大多数流向了企业，所以本次审计重点是抽查企业。

（二）组织策划，数据入手

老陈专门向领导要来3位计算机人员，分别采集财政、科技、经信、发改、开发区、工商、编委办等部门数据，建立审计数据库，通过多维分析比对，确定审计重点。由于T市本级科技资金项目数量少、单项项目金额少，结合以往审计中发现过某些企业“一个萝卜对应几个坑”的问题，如果纯粹以市科技局的项目明细表随机抽查企业，将无法达到审计目标。为此，老陈和计算机人员一起，采集了先进制造业专项资金、循环经济专项资金等资金分配表，铺开财政涉企资金数据库“大网”。通过对全部数据进行整合、汇总、分析，筛选出补助项目多缴税少、总补助资金多缴税少、关停企业有补助金、财政供养人员入股的企业名单。

老陈将审计项目分成三个阶段展开：第一阶段，主要是对各项财政资金有分配权的主管部门（如财政、科技、经信部门）进行审计，审查各主管部门对项目的申报、审批、评估等流程，并抽查部分项目的申报档案。第二阶段，把审计组分成三个小组，根据数据分析结果并结合项目档案抽查，确定抽审企业名单，由各个小组深入企业实地调查，减少现场查核的盲目性，尽量实现精准打击。第三阶段，根据各小组汇总抽查结果，重点分析、研判违法违规问题及重要案件线索。

（三）疑窦丛生，利剑出鞘

前期工作安排妥当后，老陈对审计实施方案进行了调整、充实，明确了审计技术方法，要求各审计人员按方案分头实施审计，老陈自带其中一组深入审计一线。一个月后，老陈召集三个小组进行交流、汇总，确定突破点。从抽查情况看，项目补助中设备重复购置现象较普遍，部分企业存在明显虚假包装项目的情况，主要是技改设备采购合同发票造假，以旧设备作为技改设备进行申报；部分企业的股东作为财政供养人员，领取财政补贴资金；某企业利用虚假设备，申报财政补助资金；项目重复申报、多头申报、不符合条件获取财政补助资金等审计疑点。

经过反复筛选、分析，A新能源公司、B节能技术公司两家企业进入审计人员的视野：一是A新能源公司申报三个项目共计20.82MW的光伏发电示范项目，补助资金高达10427万元。而通过查该公司财务发现，公司资产规模与补助金额竟相差不大，资产几乎是补助资金形成。二是该公司以“光伏发电示范项目”申报国家金太阳示范工程财政补助资金6917万元，又重复申请本级战略性新兴产业财政专项补助200万元。三是同一个项目多级申报，且设备存在大量重复。如“年产50MW太阳能电池生产线技改项目”，申报区技术改造资金109.6万元，又申报市本级制造业转型升级技术改造资金100万元。

而审计组对B公司延伸调查时发现：该公司申报金太阳示范工程，获得财政补助资金高达5000万元，而该公司实有资产仅7021万元。通过数据库发现，该公司财政补助额大而纳税额极少，没有固定的办公场所，租用园区某厂的一间办公室进行办公，且只有一名年轻女士在现场负责日常事务，而当审计组要求其提供相关工程建设、财务资料时，该工作人员在请示领导过程中竟一边打电话一边哭着往外走，之后就不知去向，把审计组晾在办公室。根据种种迹象，审计组初步判断该公司极可能是为了申报科技资金而成立的皮包公司。

（四）锁定目标，真相大白

审计组对两家企业重新进行了梳理，考虑到B节能技术公司规模较小、阻力小，而A新能源公司规模大、社会影响大，查处的难度大，且两者均为金太阳示范工程项目，业务上具有相似性，所以先查B节能技术公司，待有所突破后再查A新能源公司。

审计组对B节能技术公司申报国家金太阳示范工程进行审计调查，并在该公司所在的某市东部园区的联系和安排下进行了审计。在调查取证过程中，干了一辈子审计工作的老陈怎么也想不到，尽管有园区相关领导在场，但B节能技术公司工作人员高某仍百般阻挠，以各种借口不配合审计调查，就连基本的审计取证材料都无法得到签证。在此情况下，审计组经多方协调，从当地发改、财政、园区等部门获取了该公司的项目申报和财政拨款等一系列材料，整理出违法线索：一是虚报项目申报材料。根据规定，光伏发电的业主单位总资产不得少于1亿元，项目资本金不低于3000万元，而该公司总资产只有7021万元，其中财政补助资金5000万元。所以公司法人代表高某伪造申报材料，将项目总投资虚增至11000万元。同时，由于是皮包公司，无法完成资本金到位，高某等人将资本金1000万元存入后立马抽逃。但在申报材料中伪造了对公存款账户对账单，伪造的账户余额为1507.16万元，而审计调查核实的实际账户余额为26.01万元。二是项目未如期完成却获取国家补助资金。按相关规定，该项目需在2012年年底完成，但实际却在2013年12月31日建成，截至2015年5月，该项目尚未并网发电。财政部明确规定：2014年6月30日之后建成并网的项目一律取消，并收回已拨付的补助资金。审计发现，该项目不但未收回前期的补助资金，还获得国家财政补助5000万元。三是利用关联方转移补助资金。B节能技术公司将部分国家补助资金通过关联方进行资金转移，其中转给法定代表人高某资金总额835.678万元，转给公司员工王某资金总额294万元，转给北京某投资咨询公司资金总额703.17万元（公司法人高某为B节能技术公司工作人员）。四是违规占用建设用地。该项目在国家批文中明确不占用土地，只占用空间限制屋顶。但实际上因园区部分厂房屋顶承重不足，建设容量达不到申报要求，于是由东部园区管委会出面协调变更选址，分别将部分公司的厂区土地用于建设光伏项目，致使公司顺利取得国家财政补助5000万元。

老陈根据所掌握的材料第一时间向局领导作了汇报，认为高某存在虚报申报材料、抽逃资本骗取巨额财政资金等问题，而且该项目在不符合国家规定情况下，仍获得巨额国家补助资金，并有大量资金被转移。种种迹象表明，该公司极可能存在通过利益输送方式获取国家财政补助5000万元等涉嫌违法犯罪问题。市审计局领导认为此事重大，应抓紧时间跟检察院沟通联系，争取时间对违法线索重点突破。市审计局将案件线索疑点向市检察院做了全面介绍，经双方多次协商分析，决定先从高某入手。市检察院根据审计提供的违法线索，对高某进行了传讯，经检察部门几个月的辛苦努力，最终案件水落石出。据高某等人交代，高某等人是北京人，利用其在中央部委的关系，专门成立皮包公司，找一个项目能落地的地方，伪造项目申报材料，骗取国家科技资金，然后用部门资金建设光伏项目，部分资金通过关联交易转移，项目验收合格后将项目整体出售。在项目实施过程中，向各部门大肆行贿。

案例讨论题：

请根据案例材料，分析该项目审计组的审计思路有哪些值得借鉴之处。

本章参考文献：

［1］审计署行政事业审计司.部门预算执行审计指南［M］. 北京：中国时代经济出版社，2007.

［2］尹平，郑石桥.政府审计学［M］. 北京：中国时代经济出版社，2013.

［3］王会金，许莉.审计学基础［M］. 北京：中国时代经济出版社，2014.

［4］审计署财政审计司.财政审计［M］. 北京：中国时代经济出版社，2015.

［5］刘星. 国家审计故事系列报道之四：国家科技重大专项审计“解密”多位“高知”涉案［N］. 中国青年报，2015-07-09（004）.

［6］审计署教科文卫审计司. 教科文卫审计案例汇编［M］. 北京：中国时代经济出版社，2017.

［7］裴育，欧阳华生.财政审计学［M］. 北京：高等教育出版社，2018.

［8］胡泽君.中国国家审计学［M］. 北京：中国时代经济出版社，2019.

［9］审计署教科文卫审计司. 教科文卫审计实践探索与案例选编［M］. 北京：中国时代经济出版社，2019.

［10］审计署. 2019年第8号公告附件［EB/OL］. http：//www.audit.gov.cn/n5/n25/c134057/content.htmlC，2010-08-23.

［11］上海市审计局. 上海自然博物馆（上海科技馆分馆）工程项目竣工决算审计结果［EB/OL］. http：//sjj.sh.gov.cn/n427/20191128/0029-30348.html，2019-11-28.

7 Chapter 第七章 公共文化审计

第一节　公共文化审计概述

一、公共文化民生审计的概念

公共文化民生审计，是指审计机关以维护国家和社会安定和谐为目标，依法对公共文化领域与人民群众利益密切相关的事项进行的审计监督。

从政府审计的角度来看，公共文化领域与人民群众利益密切相关的事项包括：

1.公共文化领域与民生相关的财政专项资金（以下简称“公共文化民生专项资金”）的支出，如“非物质文化遗产保护专项资金”“宣传文化发展专项资金”等。这些资金的规范管理与使用，有助于为民众提供更好的公共文化服务。

2.公共文化领域与民生相关的收费，如各级文化和旅游部门收取的导游人员资格考试费，各公共博物馆、纪念馆、图书馆等文化旅游场所收取的门票、注册费等。这些收费决定了民众为了获得公共文化服务所承担的财务负担的轻重。

3.公共文化领域与民生相关的基本建设项目（以下简称“公共文化民生工程”），如公共博物馆、图书馆、文化馆等公共文化民生工程的新建、改建与修缮等。这些基建项目同样有助于为民众提供更好的公共文化服务。

4.公共文化领域与民生相关的公共政策（以下简称“公共文化民生政策”），如基本公共文化服务标准化均等化政策。这些政策关乎提供的公共文化服务的效率高低、是否公平，关乎民众接受公共文化服务的权利能否得到有效保障。由于上述事项与人民群众利益密切相关，审计机关在对公共文化领域开展民生审计时，应将其作为审计内容。

二、审计目标

公共文化民生审计的目标是促进公共文化领域深化改革，在公共文化领域保障和改善基本民生、维护人民利益。审计机关要按照《中华人民共和国国民经济和社会发展第十三个五年发展规划》提出的“坚守底线、突出重点、完善制度、引导预期，注重机会公平，保障基本民生，不断提高人民生活水平，实现全体人民共同迈入全面小康社会”的要求，确保公共文化领域与民生相关的政策要求、预算安排、资金拨付和基建项目落地生根，不断完善和发挥实效，推动提高公共文化领域的民生保障水平。

在对公共文化领域民生事项实施审计的过程中，审计人员应关注的审计目标包括：公共文化领域民生事项的真实性、合法性、效益性。真实性是指公共文化领域民生事项的相关数据是否真实，如相关收支的真实性；合法性是指公共文化领域民生事项涉及的行为是否遵守相关的法律法规，如公共文化收费、药品采购程序的合规性；效益性是指公共文化领域民生事项的经济性、效率性和效果性，如公共文化民生工程的经济性、效率性和效果性。

在审计过程中，对于上述真实性、合法性、效益性，可能有多种选择，可以同时兼顾，也可以选择某些方面作为重点。同时，对于选定的目标，可以有批判性定位，也可以有建设性定位，还可以二者兼顾。

三、审计对象

审计对象又称“审计客体”，是指审计活动的对象，回答的基本问题是“审计谁”。就公共文化领域民生审计而言，其审计对象主要包括以下几类：

1.各级政府财政部门。各级政府财政部门负责公共文化民生专项资金预算的编制，资金的分配、下达、监督与绩效评价等事宜。

2.各级政府发展改革部门。各级政府发展改革部门负责公共文化领域与民生相关的建设项目的审批。

3.各级政府文化管理部门。各级政府文化管理部门（包括文化与旅游部门、文物局、广播电视局）负责公共文化领域与民生相关公共政策的制定，与民生相关财政资金的分配、下达、项目管理与监督，相关行政事业性收费、罚款的执收等事宜。

4.各级各类文化事业单位，如博物馆、图书馆、文化馆、广播电视台、乐团等公立文化艺术表演团体、事业性质的出版社、事业性质的杂志社、事业性质的报社、乡镇综合文化站等。各级各类文化事业单位负责提供公共文化服务，执行公共文化领域与民生相关的公共政策，管理与使用本单位所分到的公共文化民生专项资金，组织实施本单位公共文化民生工程，执收公共文化领域相关收费等事宜。

5.参与公共文化民生工程的设计、施工、监理、供货的企业和事业单位。

审计过程中，审计人员可依据各类审计对象在公共文化民生事项中承担的职责，对其开展审计。

四、审计依据

审计依据又称审计标准，是审计人员在审计过程中用来衡量被审计事项是非优劣的准绳，是衡量审计客体的尺度，是提出审计意见、作出审计结论的客观标准。与公共文化领域民生审计真实性、合法性审计目标相关的审计依据主要有：

《中华人民共和国文物保护法》；

《中华人民共和国旅游法》；

《中华人民共和国公共图书馆法》；

《中华人民共和国预算法》；

《中华人民共和国建筑法》；

《中华人民共和国合同法》；

《中华人民共和国政府采购法》；

《中华人民共和国招标投标法》；

《中华人民共和国价格法》；

《公共文化体育设施条例》；

《博物馆条例》；

《中华人民共和国预算法实施条例》；

《世界文化遗产保护管理办法》；

《乡镇综合文化站管理办法》；

《行政单位财务规则》；

《行政单位会计制度》；

《事业单位财务规则》；

《事业单位会计制度》；

《事业单位会计准则》；

由中国共产党各级党委、各级政府或文化管理部门制定的与公共文化领域民生相关的公共政策；

公共文化领域与民生相关的财政资金管理办法；

文化管理部门和文化事业单位的年度预算；

公共文化相关收费的收费文件。

第二节　公共文化审计主要内容

一、公共文化民生专项资金审计

公共文化民生专项资金审计的审计内容应根据资金在管理流程中涉及的相关事项来确定。主要包括以下四方面：

1.公共文化民生专项资金的设立、调整和撤销审查。审查公共文化民生资金的设立是否有明确的法律法规依据，审查新增公共文化民生专项资金是否与现有专项资金使用方向或者用途一致，是否属于重复设立。审查公共文化民生专项资金设立是否明确执行期限，执行期限是否超过5年（法律法规另有规定的，从其规定）。

审查发生以下情况时，公共文化民生专项资金的调整或撤销情况，包括：客观状况发生变化，专项资金设立的目标失去意义或者需要完成的特定任务已不存在；客观状况发生变化，需要调整使用范围或金额；对同一类使用方向和用途的专项资金，有必要归并整合，统筹安排；专项资金的绩效达不到主要预期目标；专项资金的管理、使用存在违法违纪问题，情节严重或者经整改无效；财力状况发生重大变动；其他需要调整或撤销的状况。

2.公共文化民生专项资金的申报、审核和分配审查。审查申报单位或个人申报材料的真实性、准确性、完整性。审查申报项目是否具备实施条件，审查是否存在同一项目申报多项公共文化民生专项资金的情况。审查财政部门和公共文化部门是否及时发布申报指南或其他与资金申报有关文件。审查基层政府有关部门是否公平对待申报单位和个人，实行竞争性分配的，是否明确筛选标准，公示筛选结果。

审查公共文化民生专项资金的分配是否公平、合理、合规。采用因素法分配资金的，选取因素是否客观公正、各因素相对应的权重或标准是否合理。采取项目法分配资金的，是否采取竞争性评审方式，是否通过发布公告、第三方评审、集体决策等程序择优分配资金。采取第三方评审的，是否在资金管理办法中对第三方进行规范，是否明确第三方应当具备的资质、选择程序、评审内容等。

3.公共文化民生专项资金的下达、拨付和使用审查。审查各级政府财政部门下达公共文化民生专项资金的及时性。审查公共文化民生专项资金的支付是否按照国库集中支付制度有关规定执行。是否存在将公共文化民生专项资金从国库转入财政专户，或将公共文化民生专项资金支付到预算单位实有资金银行账户的违规行为。审查预算单位拨付公共文化民生专项资金的及时性、足额性。审查公共文化民生专项资金在使用时是否存在截留、挤占、挪用等情形。

4.公共文化民生专项资金的绩效目标和执行效果审查。公共文化民生专项资金的绩效目标审计的审计内容包括：绩效目标是否能清晰反映公共文化民生专项资金的预期产出和效果，并以相应的绩效指标予以细化、量化描述，绩效指标主要包括产出指标、效益指标和满意度指标等。审查是否存在绩效目标设定不合理或未设定的情形，审查绩效目标设定的依据是否合理合规，审查设定绩效指标时所依据或参考标准的真实、可靠性。

公共文化民生专项资金的执行效果审计的审计内容包括：审查公共文化民生专项资金的实施是否达到预期的经济效益和社会效益，审查是否存在项目闲置、工程停工下马、工程质量低劣、项目失败、效益低下，以及损失浪费的问题。

公共文化民生专项资金审计的审计思路，可以以相应资金的管理流程为主线，结合审前调查了解到的情况，重点关注公共文化民生资金的管理在各个阶段存在的风险点。

二、公共文化领域民生相关收费审计

按照公共文化领域民生相关收费的管理流程，对其审计的审计内容包括：

1.立项审批。查阅收费项目的立项审批文件，审查同意收费项目的单位是否具有审批资格，分析收费项目是否属于国家明令禁止设立的收费项目。

2.征收管理。(1)审查执收单位是否办理“收费许可证”“罚没许可证”，“收费许可证”“罚没许可证”是否通过年检，执收单位有无涂改、转借“收费许可证”行为，有无使用过期的“收费许可证”。(2)审查执收单位是否在本行政区域范围内实施的收费项目外自定收费项目。(3)审查执收单位是否按规定的征收范围、征收对象、征收标准、征收期限及时足额征收，严格按照征管办法征收相关的费用，是否存在超范围、超标准、超期限征收，审查执收单位是否依法征收滞纳金、收费退付是否合理。(4)审查各文化管理部门及所属单位是否依托文化管理部门的行政审批事项违规开展中介服务并收取费用。

3.资金管理。审查执收单位是否违规开设非税收入过渡性账户。如开设，应进一步查阅账户的收支结余情况，审查执收单位是否将过渡性账户中的资金及时足额上缴财政部门的非税收入汇缴专户，是否隐匿、滞留、截留本单位收取的费用，是否坐支、挪用过渡性账户中的资金，是否直接从过渡性账户中私自提留征管经费用于单位的经费支出，是否存在私存私放、私分所收款项等行为。

4.票据管理。(1)审查执收单位是否按照预算级次或财政隶属关系，向本级财政部门申领非税收入票据；是否按规定办理“非税收入票据领购证”，领购和使用财政票据所执行的文件依据是否合法、有效，实际领购的财政票据种类和数量是否与“非税收入票据领购证”记录相符，是否私自转让、销毁“非税收入票据领购证”。(2)审查票据使用是否合规，票据的填写是否真实完整，是否存在混用、串用、代开非税收入票据的行为，是否使用往来票据和违规票据收费，把非税收入挂往来账从而隐藏收入逃避监管。(3)审查票据管理是否合规。

5.减免、缓征管理。审查相关部门有无越权批准收费的减免、缓征，减免、缓征收费是否符合相关条件，减免幅度、缓征期限是否符合相关规定。

三、公共文化民生工程审计

按照公共文化民生工程的管理流程，对其审计的审计内容包括三个方面。

（一）开工前审计

开工前审计是指对公共文化民生工程开工前的主要工作实施的审计，包括投资决策审计、勘察设计审计、资金筹集审计、开工前准备工作审计、招标投标与施工合同审计等内容。

（二）在建期审计

主要内容有：

1.对公共文化民生工程准备阶段资金运用情况进行审计。包括：建设用地是否按批准的数量征用，土地使用是否符合审批的规划要求，征地拆迁费用及“三通一平”费用支出和管理是否合规。

2.对公共文化民生工程调整概算情况进行审计。包括：调整概算是否依照国家规定的编制办法、定额、标准由有资质单位编制，是否经有权机关批准；设计变更的内容是否符合规定，手续是否齐全；影响建设规模的单项工程间的投资调整和建设内容变更，是否按照规定的受理程序报批，有无擅自扩大建设规模、提高建设标准问题。

3.对公共文化民生工程经济合同实施情况进行审计。重点审计公经济合同是否符合国家法律，有关单位是否按合同条款执行。

4.对公共文化民生工程概算执行情况进行审计监督，分析重大差异原因。

5.对公共文化民生工程内部控制制度进行审计监督。重点审计内部控制制度是否健全，是否得以严格执行，以及内部控制制度在执行过程中的有效性情况。

6.对公共文化民生工程建设资金来源、到位与使用情况进行审计监督。包括：建设资金来源是否合法；建设资金是否落实；建设资金是否按计划及时到位；建设资金使用是否合规，有无转移、侵占、挪用建设资金问题；有无非法集资、摊派和收费问题；建设资金是否和生产资金严格区别核算；有无损失浪费问题等。

7.对公共文化民生工程建设成本及其他财务收支核算进行审计监督。重点审计工程价款结算的真实性、合法性，财务报表的真实性；待摊投资超支幅度及原因，有无将不合法的费用挤入待摊费用；建设单位是否严格按照概算口径及有关制度对建设成本进行正确归集，单位工程成本是否准确；生产费用与建设成本以及同一机构管理的不同公共工程之间是否有成本混淆情况；有无“账外账”等违纪问题。

8.对公共文化民生工程设备、材料采购及管理情况进行审计。包括：设备和材料等物资是否按设计要求进行采购，有无盲目采购行为；设备和材料等物资的验收、保管、使用和维护是否有效；建设物资是否与同期生产耗用物资严格区别核算。

9.对公共文化民生工程税费计缴情况进行审计监督。审查建设单位是否按照国家规定及时、足额地计提和交纳税费。

10.对公共文化民生工程执行环境保护法规、政策情况进行审计监督。重点审计工程设计、施工等各环节是否执行国家有关环境保护法和政策，环境治理项目是否和工程同步进行。

11.对公共文化民生工程设计单位进行审计监督。主要包括：工程设计是否按照批准的规模和标准进行；设计费用收取是否符合国家有关规定。

12.对公共文化民生工程施工单位进行审计监督。包括：施工单位有无非法转包工程行为；工程价款结算是否合法，有无偷工减料、高估冒算、虚报冒领工程价款等问题。

13.对公共文化民生工程监理单位进行审计监督。包括：重点审计监理单位的资质情况，监理工作是否符合合同要求；监理收费是否符合国家有关规定等。

（三）竣工后审计

竣工后审计的审计内容包括：

1.对公共文化民生工程竣工决算报表进行审计监督。重点审计“竣工工程概况表”“竣工财务决算表”“交付使用资产总表”“交付使用资产明细表”的真实和合法性情况；竣工决算说明书的真实性与准确性情况。

2.对公共文化民生工程投资及概算执行情况进行审计监督。包括：各种资金渠道投入的实际金额；资金不到位的数额、原因及其影响；实际投资完成额；概算调整原则、各种调整系数、设计变更和估算增加的费用，核实概算总投资；核实工程超概算的金额，分析其原因，并查明扩大规模、提高标准和批准设计外投资的情况。

3.对公共文化民生工程的建筑安装工程核算、设备投资核算、待摊投资的列支的真实、合法、效益进行审计监督。

4.对公共文化民生工程交付使用资产情况进行审计监督。重点包括：交付的固定资产是否真实，是否办理验收手续；流动资产和铺底流动资金移交的真实性与合法性；交付无形资产的情况；交付递延资产的情况等。

5.对公共文化民生工程的未完工程量及所需的投资进行审计监督，查明是否留足投资和有无新增工程内容等问题。

6.对公共文化民生工程结余资金进行审计监督。主要内容有：银行存款、现金和其他货币资金；库存物资实存量的真实性，有无积压、隐瞒、转移、挪用等问题；往来款项，核实债权债务，有无转移、挪用建设资金和债权债务清理不及时等问题。

7.对建设收入的来源、分配、上缴和留成、使用情况的真实性、合法性进行审计监督。

8.对投资包干结余进行审计监督。重点审计包干指标完成情况，包干结余分配是否合规。

9.对公共文化民生工程投资效益进行评审。主要评价分析建设工期对投资效益的影响；分析工程造价；测算投资回收期、财务净现值、内部收益率等技术经济指标；分析贷款偿还能力，评价工程的经济效益、社会效益和环境效益等。

四、公共文化民生政策措施贯彻落实情况跟踪审计

公共文化民生政策措施贯彻落实情况跟踪审计的审计内容包括：

1.公共文化民生政策贯彻落实情况。主要监督检查各公共文化管理部门、公共文化事业单位贯彻落实党和国家公共文化民生政策的具体措施、执行进度和实际效果，重点揭示和反映政策落实中有令不行、有禁不止等问题，促进各项公共文化民生政策落地生根、发挥实效。

2.公共文化民生重大项目建设情况。主要监督检查对公共文化民生有重大影响的政府投资或以政府投资为主导的基础设施、公共工程项目的建设情况，重点审查规划立项、投资审批是否及时和项目建设进展，以及资金保障、竣工验收、项目运营等各环节任务完成情况，促进优化项目审批流程，加快项目实施进度，充分发挥政府投资的引导和放大效应。

3.重点资金保障情况。主要监督检查与党和国家公共文化民生政策有关的财政资金的筹集、分配、管理和使用情况，重点审查财政资金统筹整合、发挥效益情况，揭示和反映与党和国家公共文化民生政策有关的重点领域财政资金应投未投、保障不力，以及资金滞留闲置、效益低下、损失浪费等问题，促进合理配置财政资源、优化财政支出结构、提高财政资金使用绩效。

4.公共文化民生重大改革推进情况。主要监督检查与公共文化民生有关的重大改革的落实进展和实际效果，促进重大改革取得突破。揭示和反映改革措施不配套、不衔接甚至相互矛盾、抵消等问题，积极提出建议，促进改革协调推进、形成合力。

5.公共文化民生制度规则完善情况。根据党和国家出台的公共文化民生重大政策措施，监督检查有关部门规章和地方性法规修订完善情况，促进及时建立健全与新政策新要求相适应的新办法、新规则。对不合时宜、制约发展、阻碍公共文化民生重大政策落实的法律和行政法规，推动及时清理完善。对改革发展过程中的探索创新和新情况新问题，积极提出建议，推动形成新的制度规定。

6.风险隐患防范情况。揭示公共文化民生领域存在的薄弱环节和风险隐患，以及可能引发的社会不稳定因素，注意发现和反映苗头性、倾向性问题，及时发出风险预警，积极提出解决问题和化解风险的建议，防止出现区域性和系统性风险，维护国家安全。

第三节 公共文化审计发现的典型问题

对应前述公共文化民生审计的主要内容，审计过程中发现的典型问题包括：

一、使用虚假申报材料套取公共文化民生专项资金

《财政部关于印发中央对地方专项转移支付管理办法的通知》（财预〔2015〕230号）第二十三条规定：“专项转移支付资金的申报单位和个人应当保证申报

材料的真实性、准确性、完整性。”这就要求各部门、各单位应确保申报公共文化民生专项资金相关材料的真实性、准确性、完整性，严禁提供虚假申报材料套取公共文化民生专项资金。然而审计中发现，一些部门和单位存在提供虚假申报材料套取公共文化民生专项资金的行为。

典型问题示例

使用虚假申报材料套取公共文化民生专项资金[①]

×省审计厅在对该市2011年至2014年省级基层文化服务设施建设专项资金管理使用情况进行审计时发现，有55个基建项目虚报立项条件申领了设施建设资金2000万元。

二、超范围使用公共文化民生专项资金

我国《预算法》第六十三条规定：“各部门、各单位应当加强对预算收入和支出的管理，不得截留或者动用应当上缴的预算收入，不得擅自改变预算支出的用途。”这就要求各相关部门和单位要严格按照公共文化民生专项资金的用途使用这些资金。然而审计中发现，一些部门和单位存在超范围使用公共文化民生专项资金的行为。

典型问题示例

超范围使用公共文化民生专项资金[②]

北京市审计局在对北京市香山公园管理处2015年至2017年预算执行和其他财政收支情况进行审计时发现，2015年至2017年，该单位扩大专项资金使用范围，涉及资金128.35万元。

三、虚列支出套取公共文化民生专项资金

我国《会计法》第九条规定：“各单位必须根据实际发生的经济业务事项进行会计核算，填制会计凭证，登记会计账簿，编制财务会计报告。任何单位

① 审计署教科文卫审计司．教科文卫审计案例汇编［M］．北京：中国时代经济出版社，2017：318-321.

② 北京市审计局．2018年第43号：北京市香山公园管理处2015—2017年度预算执行和其他财政收支审计结果，http：//sjj.beijing.gov.cn/zwxx/sjgg//201910/t20191028_460807.html.

不得以虚假的经济业务事项或者资料进行会计核算。”这就要求各相关部门和单位根据实际发生的经济业务支出公共文化民生专项资金。然而审计中发现，一些部门和单位存虚列支出套取公共文化民生专项资金的行为。

典型问题示例

虚列支出套取公共文化民生专项资金①

×县审计局在对该县文化广电新闻出版局原局长任期经济责任履行情况进行审计时发现，该局所属文化馆于2013年1月至2016年6月通过虚增演出人数和补贴、舞台搭建费用返现、虚开舞台搭建发票等形式虚列支出，套取文化专项资金38.41万元，私设“小金库”，用于发放职工福利。

四、超范围申报公共文化民生工程建设资金

公共文化民生工程建设资金应专门用于公共文化民生工程的建设。然而审计发现，一些单位存在超范围申报公共文化民生工程建设资金，将本不属于公共文化民生工程的建设项目纳入公共文化民生工程申报财政资金的问题。

典型问题示例

超范围申报公共文化民生工程建设资金②

审计署在对原文化部2015年度预算执行等情况进行审计时发现，文化部所属国家图书馆在申报一期维修改造工程项目时，将不应由财政资金安排的北京国图酒店有限公司维修改造工程一并打包申报，并于2011年获得财政部批复，至2015年底已支出1679.84万元。

五、公共文化民生政策执行不到位

审计中发现，存在一些公共文化民生政策贯彻落实不到位的问题。

---

① 审计署教科文卫审计司．教科文卫审计实践探索与案例选编［M］．北京：中国时代经济出版社，2019：163–167.

② 审计署．2016年第5号公告：中央部门单位2015年度预算执行等情况审计结果，http：//www.audit.gov.cn/n5/n25/c84845/content.html.

典型问题示例

公共文化民生政策执行不到位①

2017年，浙江省审计厅组织对省本级和11个设区市、57个县（市、区）基本公共文化服务资金进行专项审计调查时发现，该省广电低保惠民工程政策执行不到位：一是部分地区广电低保覆盖率低；二是有部分不属于低保的住户纳入了低保范围；三是部分地方执行部门多申报户数，多报财政低保补贴资金77.73万元，涉及3632户。

第四节　公共文化审计微案例

微案例一：公共文化民生专项资金审计②

（一）项目开展的背景

为贯彻落实《×省文化强省建设规划纲要（2011—2020年》文件精神，提升基层公共文化服务能力，2014年，×省审计厅对省内8市2011年至2014年省级基层公共文化服务专项资金的管理和使用情况进行了审计。本项目主要对省级基层文化服务设施建设专项资金和基层公共文化服务设施免费开放补助资金进行审计。2011年至2014年6月，省财政安排两项资金总规模为6亿元。

基层文化服务设施建设专项资金主要依据《×省基层文化服务设施建设专项资金管理办法》的要求进行管理，专项资金申请采取逐级汇总的上报方法，即由项目单位申请，县（区、市）以上财政、文广新行政主管部门逐级汇总审核申报。该专项资金采取以奖代补形式，对该省基层文化设施项目达标给予奖励补助。该项资金仅用于基层文化设施建设项目的基建工程、内部装修及与之相关的配套设备购置等支出，不得用于人员经费、日常公用经费等基本支出。该项资金实行按进度拨付的办法，即于项目完成主体建筑建设时拨付奖补资金的50%，于项目验收合格时拨付奖补资金的50%。

基层公共文化服务设施免费开放补助资金主要依据省文化厅、省财政厅

① 浙江省审计厅. 2017年第21号公告：全省基本公共文化服务资金专项审计调查结果，http：//sjt.zj.gov.cn/art/2017/12/25/art_1320656_14569533.html.

② 本案例根据《×省审计厅关于省级基层公共文化服务专项资金管理使用情况的审计案例》改编而成. 见：审计署教科文卫审计司编. 教科文卫审计案例汇编［M］. 北京：中国时代经济出版社，2017.

印发的《转发〈文化部、财政部关于推进全国美术馆、公共图书馆、文化馆(站)免费开放工作的意见〉的通知》的要求进行管理，专项资金由地级市文广新行政管理部门申报，采取以奖代补方式，主要对经济欠发达地区的县级以下公共图书馆、文化馆、文化站免费开放给予适当补助。

(二)项目实施情况

该项目由×省审计厅教科文审计处牵头组织实施，审计厅其他业务处室也抽调人员参与。本次审计采取先试点后推广的审计模式。第一步，教科文审计处在某市试审后形成审计报告雏形；第二步，审计组根据审计情况，总结报告中每个问题点的取证方法、所需证据、问题描述等；第三步，根据已有成果，进行讨论和推广，做好审前培训；第四步，在审计期间，教科文审计处指导各审计小组工作；第五步，审计项目结束后，教科文审计处汇总和整理报告内容，并进行提炼加工，形成综合报告和相关信息。

本次审计主要涉及基层公共文化服务专项资金的申报立项、分配、拨付使用、项目建设和使用效益情况，以及地方政府和相关主管部门贯彻落实政策措施、履行管理职责配套安排的资金情况进行审计。审计对象主要包括省财政厅、省文化厅及8个地市管理和使用上述专项资金的主管部门(主要包括财政、文化等部门)、使用专项资金的相关建设和有关单位，必要时可对项目建设、勘察、设计、施工、监理、采购、销售、安装等相关单位进行延伸审计。

该项目采取了多种方式调查取证：一方面，审计组通过对资金流的梳理，全面了解项目资金的拨付、使用和结余等情况；另一方面，根据国家政策制度的要求，了解该项目实际执行的效果，突出项目绩效情况。审计组采取现场核查、随机调查、突击检查等方式，对该项目要求的设施建设情况、设施使用和维护情况等进行深入细致的调查。

(三)审计发现的主要问题

本项目查出问题金额达6200万元，其中：55个基建项目虚报立项条件申领了设施建设资金2000万元；19个不符合条件的项目申领了免费开放资金200万元；91个工程项目未完成，涉及资金3000万元；虚报冒领骗取或挪用资金等违规问题金额1000万元。审计还查出电子阅览室电脑等设备管理不善、大部分公共文化设施使用率不高、部分场馆免费开放政策落实不到位等问题。

案例讨论题：

本案例中，审计发现存在虚报冒领骗取专项资金的问题。在对财政专项资金进行审计时，如何发现这种问题?

微案例二：公共文化民生专项资金审计①

根据县委组织部门提出的经济责任审计委托建议，×县审计局派出审计组对该县文化广电新闻出版局（以下简称“县文广新局”）原局长任期经济责任履行情况进行审计，并对下属6家单位进行了延伸审计。审计人员在延伸审计X县文化馆时，从多份工资单上的涂改痕迹、同一领款人不同签字笔迹等发现破绽，顺藤摸瓜，查出了该县文化馆于2013年1月至2016年6月通过虚增演出人数和补贴、舞台搭建费用返现、虚开舞台搭建发票等形式套取现金38.41万元，私设“小金库”，用于发放职工福利，谋取私利。

（一）审前调查，确定重点

2016年7月，根据项目计划安排，×县审计局组成了由分管业务的副局长任组长，副科长老薛为主审，业务骨干老钱和新人小唐为成员的审计组，对该项目实施审计。进点前，审计组采用召开座谈会、内控测评、分析复核等方法，调查该单位缺少内控的重要业务领域、控制目标不能实现的领域，以及有内部控制却没能发挥作用的领域，进而评估审计风险。审计人员了解到，县文化馆每年演出活动场次多，文化专项资金支出占全年经费支出的60%以上。因此，审计组决定将工作重点放在该单位文化专项资金支出的真实性审计方面。

（二）翻阅凭证，发现异常

×县文化馆是县文广新局下属全额拨款的二级事业单位，老薛先把审计期内所有凭证粗粗翻看一遍，感觉演出活动频繁，经费支出中除了工资和日常公用经费外，其他都是组织演出活动方面的相关支出，于是重新抽取了2014年1月至12月的凭证仔细查阅，发现×县文化馆每次组织演出活动，演员及小工（演出设备搬运）补贴，未开具劳务费发票，不论金额大小，均以工资单形式手工造册，直接现金支付，每次发放补贴人数众多，总计金额比较大，存在以下异常：

1.工资清单不规范。

（1）改动痕迹明显。部分金额改动明显，尤其是工资单小计金额，感觉是把“1”改成“2”，“0”改成“8”或者“6”等。经统计，2014年共有31处小计金额有改动的痕迹，另外实发工资金额也有多处改动。

（2）没有大写合计金额。查看了所有的手工工资清单，均未有大写合计金额。

（3）领款不规范。部分演出人员补贴工资单领款人由一人签名代领；2014年11月1份凭证，工资单造册演员补贴领款人未签字。

（4）笔迹不一致。比对了不同演出补贴单上同一领款人的签名，发现有多

① 本案例根据《×县文化馆设立“小金库”问题审计案例》改编而成．见：审计署教科文卫审计司编．教科文卫审计实践探索与案例选编［M］．北京：中国时代经济出版社，2019.

处笔迹不一致。

2.财务部门支付依据不足。演出补贴单由会计制表，主要负责人签字，无经办人签名，也未附演出节目单、方案等相关内容，以及演出人员的身份信息和联系方式，财务部门凭此支付演出补贴有一定的盲目性。

另外，演出舞台长期由N建筑公司承建，搭建频繁，费用收款人与发票户名不相符，发票名为N建筑公司，而收款人为H某某。

这些异常情况引起了审计人员的警觉，到底什么原因使小计金额改动频次那么高？为什么演出组织经办人不在工资单上签名？老是由同一家公司搭建舞台，且费用直接转给个人，是否存在虚假？这是否与出纳有关，会不会存在贪污问题？审计组商量后决定采取突击盘点，核查演出档案。

（三）盘点比对，出现疑点

通过现金盘点、查阅财务和业务资料，审计人员发现如下疑点。

1.保险箱里的现金是谁的？财务室现金盘点，发现保险箱内除了正常结存外，另外有一信封，内装2800元，追问出纳，解释是自己“送人情”用的。暂时放在保险箱，但是神情紧张慌乱。

2.某重大节庆活动舞台搭建费用金额特别大。通过每次搭建舞台费用数据比对，发现其他场次搭建费用只有10000元左右，而某重大节庆活动舞台搭建费用35000元。

3.演员名单和信息资料不全。业务科室组织演出活动档案不齐全，文化馆无法提供每场演员身份信息和联系方式。提供的节目单，只有主演姓名，其他演出人员名单不完整。每一场演出结束后，具体管理唱歌或舞蹈的工作人员只需把补贴的演员名单写在小纸条上，交给财务后，由财务直接造册发放。

文化馆内部管理混乱，各种疑点加大了审计人员对演员补贴真实性的怀疑，但如何验证真实性，并在规定的时间内完成项目任务？审计组决定兵分两组，一组找组织活动的内部经办人员了解情况，另一组找部分演出人员了解演出费用的领取情况。

（四）内查外调，发现问题

经过一段时间的内查外调，获取的几则信息引起了审计组的注意。

1.部分未参演的演员，工资单上出现了他们的补贴。在调查了解过程中，有人悄悄反映，文化馆在2014年3月文化惠民演出活动中，曾发生一笔演员演出活动补贴，参演人员5人，却发了10人的演出补贴。审计组经仔细核对后，情况属实。

2.文化馆每次组织演出活动后，单位人员都有补贴。审计组了解到，文化馆组织演出活动后，根据演出频次的不同，每月发放800元左右的补贴，但是文化馆单位账面上未发现单位职工发放补贴的痕迹。

那么，问题是发给未参演人员的钱到哪里去了呢？单位职工发放的钱又从哪里来？难道有“小金库”？

（五）斗智斗勇，正面交锋

审计组马上整理汇总资料，向局领导汇报。局领导高度重视，由审计组出面，把文化馆馆长、会计、出纳同时“请”进审计局，与他们分别进行谈话，做好笔录。

一开始他们都在狡辩，但是在审计组强大的心理和政策攻势下，以及事实证据面前，文化馆馆长首先瓦解，交代了与会计一起，借助文化馆在组织各类活动需发放众多演员补贴、而本单位内控制度不全的漏洞，套取现金，私设“小金库”的事实。接下来会计的交代也证实了馆长的说法和审计组的怀疑。

（六）徇私舞弊，受到惩罚

在审计组成员的共同努力下，X县文化馆通过虚增演出人数和补贴、舞台搭建费用返现等手段套取现金私设“小金库”的问题终于浮出水面。

1.虚增演出人数和补贴。2013年1月至2016年6月，文化馆通过虚增演出人数或者在演出人数不变的情况下，涂改、虚增演出补贴等方法套取198笔补贴，合计现金219080元。逢年过节时套取金额特别大，如2013年2月，在发放新春军政团拜会活动补贴中，一次性套取现金20600元。

2.舞台搭建费用返现。文化馆与N建筑公司串通，每一场演出舞台搭建费用虚增2000元，支付时直接打入H某某个人账户，再现金返还给会计。2013年1月至2016年6月返现51次，合计金额102000元。

3.虚开舞台搭建发票。2013年实际发生舞台搭建支出7000元，但虚开为35000元，超出28000元；2014年直接虚开了35000元报支。两次共计套取现金63000元。

根据规定，审计局依法移送县纪委处理，县纪委立案后对X县文化馆长处以记过处分，并免职、调离岗位；文化馆班子成员每人上交违规收入22500元，3人合计67500元。

案例讨论题：

请结合案例材料，分析被审计单位套取文化专项资金私设“小金库”的动机。

本章参考文献：

［1］审计署行政事业审计司.部门预算执行审计指南［M］.北京：中国时代经济

出版社，2007.

［2］尹平，郑石桥.政府审计学［M］. 北京：中国时代经济出版社，2013.

［3］王会金，许莉.审计学基础［M］. 北京：中国时代经济出版社，2014.

［4］审计署财政审计司. 财政审计［M］. 北京：中国时代经济出版社，2015.

［5］审计署. 2016年第5号公告：中央部门单位2015年度预算执行等情况审计结果［EB/OL］，http：//www.audit.gov.cn/n5/n25/c84845/content.html，2016-06-29.

［6］审计署教科文卫审计司. 教科文卫审计案例汇编［M］. 北京：中国时代经济出版社，2017.

［7］浙江省审计厅. 2017年第21号公告：全省基本公共文化服务资金专项审计调查结果［EB/OL］，http：//sjt.zj.gov.cn/art/2017/12/25/art_1320656_ 14569533.html，2017-12-25.

［8］裴育，欧阳华生.财政审计学［M］. 北京：高等教育出版社，2018.

［9］北京市审计局. 2018年第43号：北京市香山公园管理处2015—2017年度预算执行和其他财政收支审计结果［EB/OL］，http：//sjj.beijing.gov.cn/zwxx/sjgg//201910/t20191028_460807.html，2018-09-07.

［10］胡泽君.中国国家审计学［M］. 北京：中国时代经济出版社，2019.

［11］审计署. 2019年第1号公告附件［EB/OL］，http：//www.audit.gov.cn/n5/n25/c130878/content.html，2019-04-02.

［12］审计署教科文卫审计司. 教科文卫审计实践探索与案例选编［M］. 北京：中国时代经济出版社，2019.

8 Chapter

第八章 公共卫生审计

第一节　公共卫生审计概述

一、公共卫生民生审计的概念

公共卫生民生审计，是指审计机关以维护国家和社会安定和谐为目标，依法对公共卫生领域与人民群众利益密切相关的事项进行的审计监督。

从政府审计的角度来看，公共卫生领域与人民群众利益密切相关的事项包括：

1.公共卫生领域与民生相关的财政专项资金（以下简称“公共卫生民生专项资金”）的支出，如“基本公共卫生服务补助资金”“重大传染病防控经费”“基本药物制度补助资金”等。这些资金的规范管理与使用，有助于为民众提供更好的公共卫生服务。

2.公共卫生领域与民生相关的收费，如各级卫生健康委员会及其所属的中医药管理局、疾病预防控制中心等机构收取的与民生相关的公共卫生行政事业性收费、罚款，各级各类医院收取的医疗服务费。这些收费决定了民众为了获得公共卫生服务所承担的财务负担的轻重。

3.公立医院药品、医疗器械、医用耗材等物品的采购。这些物品采购程序是否合规、采购价格的高低，同样决定了民众为了获得公共卫生服务所承担的财务负担的轻重。

4.公共卫生领域与民生相关的基本建设项目（以下简称“公共卫生民生工程”），如各级各类医院病房的新建、改建与修缮等。这些基建项目同样有助于为民众提供更好的公共卫生服务。

5.公共卫生领域与民生相关的公共政策（以下简称“公共卫生民生政策”），如基本公共卫生服务均等化、疫情防控等政策。这些政策关乎提供的公共卫生服务的效率高低、是否公平，关乎民众接受公共卫生服务的权利能否得到有效保障。

6.其他。如食品安全、医患关系等社会公众密切关注的事项。由于上述事项与人民群众利益密切相关，审计机关在对公共卫生领域开展民生审计时，应将其作为审计内容。

二、审计目标

公共卫生民生审计的目标是促进公共卫生领域深化改革，在公共卫生领域保障和改善基本民生、维护人民利益。审计机关要按照《中华人民共和国国民经济和社会发展第十三个五年发展规划》提出的“坚守底线、突出重点、完善制度、引导预期，注重机会公平，保障基本民生，不断提高人民生活水平，实现全体人民共同迈入全面小康社会”的要求，确保公共卫生领域与民生相关的政策要求、预算安排、资金拨付和基建项目落地生根，不断完善和发挥实效，推动提高公共卫生领域的民生保障水平。

在对公共卫生领域民生事项实施审计的过程中，审计人员应关注的审计目标包括：公共卫生领域民生事项的真实性、合法性、效益性。真实性是指公共卫生领域民生事项的相关数据是否真实，如相关收支的真实性；合法性是指公共卫生领域民生事项涉及的行为是否遵守相关的法律法规，如公共卫生收费、药品采购程序的合规性；效益性是指公共卫生领域民生事项的经济性、效率性和效果性，如公共卫生民生工程的经济性、效率性和效果性。

在审计过程中，对于上述真实性、合法性、效益性，可能有多种选择，可以同时兼顾，也可以选择某些方面作为重点。同时，对于选定的目标，可以有批判性定位，也可以有建设性定位，还可以二者兼顾。

三、审计对象

审计对象又称“审计客体”，是指审计活动的对象，回答的基本问题是“审计谁”。就公共卫生领域民生审计而言，其审计对象主要包括以下几类：

1.各级政府财政部门。各级政府财政部门负责公共卫生民生专项资金预算的编制，资金的分配、下达、监督与绩效评价等事宜。

2.各级政府发展改革部门。各级政府发展改革部门负责公共卫生领域与民生相关的建设项目的审批。

3.各级政府卫生健康委员会。各级政府卫生健康委员会负责公共卫生领域与民生相关公共政策的制定，与民生相关财政资金的分配、下达、项目管理与监督，相关行政事业性收费、罚款的执收等事宜。

4.各级各类医院。各级各类医院负责提供医疗服务，执行公共卫生领域与民生相关的公共政策，管理与使用本单位所分到的公共卫生民生专项资金，组织实施本单位公共卫生民生工程，收取医疗服务费等事宜。

5.乡镇卫生院。乡镇卫生院是县或乡设立的一种卫生行政兼医疗预防工作的综合性机构，其职责是负责所在地区内医疗卫生工作，组织领导群众卫生运动，培训卫生技术人员，并对基层卫生医疗机构进行业务指导和会诊工作。它负责执行公共卫生领域与民生相关的公共政策，管理与使用本单位所分到的公共卫生民生专项资金，组织实施本单位公共卫生民生工程，收取医疗服务费等事宜。

6.村卫生室。村卫生室承担与其功能相适应的公共卫生服务、基本医疗服务和上级卫生行政部门交办的其他工作。

7.参与公立医院药品、医疗器械、医用耗材等物品供货的企业。

8.参与公共卫生民生工程的设计、施工、监理、供货的企业和事业单位。

审计过程中，审计人员可依据各类审计对象在公共卫生民生事项中承担的职责，对其开展审计。

四、审计依据

审计依据又称审计标准，是审计人员在审计过程中用来衡量被审计事项是非优劣的准绳，是衡量审计客体的尺度，是提出审计意见、作出审计结论的客观标准。与公共卫生领域民生审计真实性、合法性审计目标相关的审计依据主要有：

《中华人民共和国精神卫生法》；

《中华人民共和国传染病防治法》；

《中华人民共和国母婴保健法》；

《中华人民共和国国境卫生检疫法》；

《中华人民共和国职业病防治法》；

《中华人民共和国预算法》；

《中华人民共和国建筑法》；

《中华人民共和国合同法》；

《中华人民共和国政府采购法》；

《中华人民共和国招标投标法》；

《中华人民共和国价格法》；

《突发公共卫生事件应急条例》；

《医疗机构管理条例》；

《中华人民共和国预算法实施条例》；

《行政单位财务规则》；

《行政单位会计制度》；

《事业单位财务规则》；

《事业单位会计制度》；

《事业单位会计准则》；

《医院会计制度》；

由中国共产党各级党委、各级政府或卫生健康委员会制定的与公共卫生领域民生相关的公共政策；

公共卫生领域与民生相关的财政资金管理办法；

卫生健康委员会及公立医院的年度预算；

公共卫生相关收费的收费文件。

第二节　公共卫生审计主要内容

一、公共卫生民生专项资金审计

公共卫生民生专项资金审计的审计内容应根据资金在管理流程中涉及的相关事项来确定。主要包括以下四方面：

1.公共卫生民生专项资金的设立、调整和撤销审查。审查公共卫生民生资金的设立是否有明确的法律法规依据，审查新增公共卫生民生专项资金是否与现有专项资金使用方向或者用途一致，是否属于重复设立。审查公共卫生民生专项资金设立是否明确执行期限，执行期限是否超过5年（法律法规另有规定的，从其规定）。

审查发生以下情况时，公共卫生民生专项资金的调整或撤销情况，包括：客观状况发生变化，专项资金设立的目标失去意义或者需要完成的特定任务已不存在；客观状况发生变化，需要调整使用范围或金额；对同一类使用方向和用途的专项资金，有必要归并整合，统筹安排；专项资金的绩效达不到主要预期目标；专项资金的管理、使用存在违法违纪问题，情节严重或者经整改无效；财力状况发生重大变动；其他需要调整或撤销的状况。

2.公共卫生民生专项资金的申报、审核和分配审查。审查申报单位或个人申报材料的真实性、准确性、完整性。审查申报项目是否具备实施条件，审查是否存在同一项目申报多项公共卫生民生专项资金的情况。审查财政部门和公共卫生部门是否及时发布申报指南或其他与资金申报有关文件。审查基层政府有关部门是否公平对待申报单位和个人，实行竞争性分配的，是否明确筛选标准，公示筛选结果。

审查公共卫生民生专项资金的分配是否公平、合理、合规。采用因素法分配资金的，选取因素是否客观公正、各因素相对应的权重或标准是否合理。采取项目法分配资金的，是否采取竞争性评审方式，是否通过发布公告、第三方评审、集体决策等程序择优分配资金。采取第三方评审的，是否在资金管理办法中对第三方进行规范，是否明确第三方应当具备的资质、选择程序、评审内容等。

3.公共卫生民生专项资金的下达、拨付和使用审查。审查各级政府财政部门下达公共卫生民生专项资金的及时性。审查公共卫生民生专项资金的支付是否按照国库集中支付制度有关规定执行。是否存在将公共卫生民生专项资金从国库转入财政专户，或将公共卫生民生专项资金支付到预算单位实有资金银行账户的违规行为。审查预算单位拨付公共卫生民生专项资金的及时性、足额性。审查公共卫生民生专项资金在使用时是否存在截留、挤占、挪用等情形。

4.公共卫生民生专项资金的绩效目标和执行效果审查。公共卫生民生专项资金的绩效目标审计的审计内容包括：绩效目标是否能清晰反映公共卫生民生专项资金的预期产出和效果，并以相应的绩效指标予以细化、量化描述，绩效指标主要包括产出指标、效益指标和满意度指标等。审查是否存在绩效目标设定不合理或未设定的情形，审查绩效目标设定的依据是否合理合规，审查设定绩效指标时所依据或参考标准的真实、可靠性。

公共卫生民生专项资金的执行效果审计的审计内容包括：审查公共卫生民生专项资金的实施是否达到预期的经济效益和社会效益，审查是否存在项目闲置、工程停工下马、工程质量低劣、项目失败、效益低下，以及损失浪费的问题。

公共卫生民生专项资金审计的审计思路，可以以相应资金的管理流程为主线，结合审前调查了解到的情况，重点关注公共卫生民生资金的管理在各个阶段存在的风险点。

二、公共卫生领域民生相关收费审计

按照公共卫生领域民生相关收费的管理流程，对其审计的审计内容包括：

1.立项审批。查阅收费项目的立项审批文件，审查同意收费项目的单位是否具有审批资格，分析收费项目是否属于国家明令禁止设立的收费项目。

2.征收管理。（1）审查执收单位是否办理“收费许可证”“罚没许可证”，

“收费许可证”“罚没许可证”是否通过年检，执收单位有无涂改、转借“收费许可证”行为，有无使用过期的“收费许可证”。(2)审查执收单位是否在本行政区域范围内实施的收费项目外自定收费项目。(3)审查执收单位是否按规定的征收范围、征收对象、征收标准、征收期限及时足额征收，严格按照征管办法征收相关的费用，是否存在超范围、超标准、超期限征收，审查执收单位是否依法征收滞纳金、收费退付是否合理。(4)审查各级卫生健康委员及所属单位是否依托卫生健康委员会的行政审批事项违规开展中介服务并收取费用。

3.资金管理。审查执收单位是否违规开设非税收入过渡性账户。如开设，应进一步查阅账户的收支结余情况，审查执收单位是否将过渡性账户中的资金及时足额上缴财政部门的非税收入汇缴专户，是否隐匿、滞留、截留本单位收取的费用，是否坐支、挪用过渡性账户中的资金，是否直接从过渡性账户中私自提留征管经费用于单位的经费支出，是否存在私存私放、私分所收款项等行为。如审计对象为民营医院，其收费资金管理不宜纳入审计范围。

4.票据管理。(1)审查执收单位是否按照预算级次或财政隶属关系，向本级财政部门申领非税收入票据；是否按规定办理“非税收入票据领购证”，领购和使用财政票据所执行的文件依据是否合法、有效，实际领购的财政票据种类和数量是否与“非税收入票据领购证”记录相符，是否私自转让、销毁“非税收入票据领购证”。(2)审查票据使用是否合规，票据的填写是否真实完整，是否存在混用、串用、代开非税收入票据的行为，是否使用往来票据和违规票据收费，把非税收入挂往来账从而隐藏收入逃避监管。(3)审查票据管理是否合规。

5.减免、缓征管理。审查相关部门有无越权批准收费的减免、缓征，减免、缓征收费是否符合相关条件，减免幅度、缓征期限是否符合相关规定。

三、公立医院医疗用品采购审计

按照公立医院医疗用品采购的业务流程，对其审计的审计内容包括：

1.采购事前可行性研究审计。通过审查采购可研报告，关注医疗用品的采购是否必要，采购人员对医疗用品市场的了解是否充分，采购计划是否详细、明确。

2.采购方式、采购程序审计。审查采购方式、采购程序的合规性，重点关注对限额以上采购项目，是否实行公开招投标；关注有无将应公开招标采购的项目化整为零或以各种非正当条件转为其他方式采购。

3.采购合同审计。审查采购人或采购代理机构是否在规定期限内与中标供应商签订书面合同，所签订的合同主要条款是否符合招标文件的要求，是否对招标文件和中标供应商投标文件作了实质性修改。审查采购单位有无提出不合理的要求，作为签订合同的条件。审查是否存在中标通知书发出后，无正当理由不与中标人签订采购合同的行为。审查是否存在中标人将中标项目转让给他人，或未经采购招标机构同意，将中标项目分包给他人，以及拒绝履行合同义务的情况。

4.采购结果审计。审查购货原始凭证，关注采购物品的数量、金额、商品名称、型号与签订的采购合同的一致性。审查采购价格是否明显高于市场价。

四、公共卫生民生工程审计

按照公共卫生民生工程的管理流程，对其审计的审计内容包括三个方面。

（一）开工前审计

开工前审计是指对公共卫生民生工程开工前的主要工作实施的审计，包括投资决策审计、勘察设计审计、资金筹集审计、开工前准备工作审计、招标投标与施工合同审计等内容。

（二）在建期审计

主要内容有：

1.对公共卫生民生工程准备阶段资金运用情况进行审计。包括：建设用地是否按批准的数量征用，土地使用是否符合审批的规划要求，征地拆迁费用及“三通一平”费用支出和管理是否合规。

2.对公共卫生民生工程调整概算情况进行审计。包括：调整概算是否依照国家规定的编制办法、定额、标准由有资质单位编制，是否经有权机关批准；设计变更的内容是否符合规定，手续是否齐全；影响建设规模的单项工程间的投资调整和建设内容变更，是否按照规定的受理程序报批，有无擅自扩大建设规模、提高建设标准问题。

3.对公共卫生民生工程经济合同实施情况进行审计。重点审计公经济合同是否符合国家法律，有关单位是否按合同条款执行。

4.对公共卫生民生工程概算执行情况进行审计监督，分析重大差异原因。

5.对公共卫生民生工程内部控制制度进行审计监督。重点审计内部控制制度是否健全，是否得以严格执行，以及内部控制制度在执行过程中的有效性情况。

6.对公共卫生民生工程建设资金来源、到位与使用情况进行审计监督。主要内容有：建设资金来源是否合法；建设资金是否落实；建设资金是否按计划及时到位；建设资金使用是否合规，有无转移、侵占、挪用建设资金问题；有无非法集资、摊派和收费问题；建设资金是否和生产资金严格区别核算；有无损失浪费问题等。

7.对公共卫生民生工程建设成本及其他财务收支核算进行审计监督。重点审计工程价款结算的真实性、合法性，财务报表的真实性；待摊投资超支幅度及原因，有无将不合法的费用挤入待摊费用；建设单位是否严格按照概算口径及有关制度对建设成本进行正确归集，单位工程成本是否准确；生产费用与建设成本以及同一机构管理的不同公共工程之间是否有成本混淆情况；有无“账外账”等违纪问题。

8.对公共卫生民生工程设备、材料采购及管理情况进行审计。包括：设备和材料等物资是否按设计要求进行采购，有无盲目采购行为；设备和材料等物资的验收、保管、使用和维护是否有效；建设物资是否与同期生产耗用物资严格区别核算。

9.对公共卫生民生工程税费计缴情况进行审计监督。审查建设单位是否按照国家规定及时、足额地计提和交纳税费。

10.对公共卫生民生工程执行环境保护法规、政策情况进行审计监督。重点审计工程设计、施工等各环节是否执行国家有关环境保护法和政策，环境治理项目是否和工程同步进行。

11.对公共卫生民生工程设计单位进行审计监督。主要包括：工程设计是否按照批准的规模和标准进行；设计费用收取是否符合国家有关规定。

12.对公共卫生民生工程施工单位进行审计监督。包括：施工单位有无非法转包工程行为；工程价款结算是否合法，有无偷工减料、高估冒算、虚报冒领工程价款等问题。

13.对公共卫生民生工程监理单位进行审计监督。包括：重点审计监理单位的资质情况，监理工作是否符合合同要求；监理收费是否符合国家有关规定等。

（三）竣工后审计

竣工后审计的审计内容包括：

1.对公共卫生民生工程竣工决算报表进行审计监督。重点审计“竣工工程概况表”“竣工财务决算表”“交付使用资产总表”“交付使用资产明细表”的真实性和合法性情况；竣工决算说明书的真实性与准确性情况。

2.对公共卫生民生工程投资及概算执行情况进行审计监督。包括：各种资金渠道投入的实际金额；资金不到位的数额、原因及其影响；实际投资完成额；概算调整原则、各种调整系数、设计变更和估算增加的费用，核实概算总投资；核实工程超概算的金额，分析其原因，并查明扩大规模、提高标准和批准设计外投资的情况。

3.对公共卫生民生工程的建筑安装工程核算、设备投资核算、待摊投资的列支的真实、合法、效益进行审计监督。

4.对公共卫生民生工程交付使用资产情况进行审计监督。重点包括：交付的固定资产是否真实，是否办理验收手续；流动资产和铺底流动资金移交的真实性与合法性；交付无形资产的情况；交付递延资产的情况等。

5.对公共卫生民生工程的未完工程量及所需的投资进行审计监督，查明是否留足投资和有无新增工程内容等问题。

6.对公共卫生民生工程结余资金进行审计监督。主要内容有：银行存款、现金和其他货币资金；库存物资实存量的真实性，有无积压、隐瞒、转移、挪用等问题；往来款项，核实债权债务，有无转移、挪用建设资金和债权债务清理不及时等问题。

7.对建设收入的来源、分配、上缴和留成、使用情况的真实性、合法性进行审计监督。

8.对投资包干结余进行审计监督。重点审计包干指标完成情况，包干结余分配是否合规。

9.对公共卫生民生工程投资效益进行评审。主要评价分析建设工期对投资效益的影响；分析工程造价；测算投资回收期、财务净现值、内部收益率等技术经济指标；分析贷款偿还能力，评价工程的经济效益、社会效益和环境效益等。

如为民营医院，则其用自有资金开展的建设项目不在审计范围。

五、公共卫生民生政策措施贯彻落实情况跟踪审计

公共卫生民生政策措施贯彻落实情况跟踪审计的审计内容包括：

1.公共卫生民生政策贯彻落实情况。主要监督检查卫生健康委员会及其所属单位、各级各类医院贯彻落实党和国家公共卫生民生政策的具体措施、执行进度和实际效果，重点揭示和反映政策落实中有令不行、有禁不止等问题，促进各项公共卫生民生政策落地生根、发挥实效。

2.公共卫生民生重大项目建设情况。主要监督检查对公共卫生民生有重大影响的政府投资或以政府投资为主导的基础设施、公共工程项目的建设情况，

重点审查规划立项、投资审批是否及时和项目建设进展，以及资金保障、竣工验收、项目运营等各环节任务完成情况，促进优化项目审批流程，加快项目实施进度，充分发挥政府投资的引导和放大效应。

3.重点资金保障情况。主要监督检查与党和国家公共卫生民生政策有关的财政资金的筹集、分配、管理和使用情况，重点审查财政资金统筹整合、发挥效益情况，揭示和反映与党和国家公共卫生民生政策有关的重点领域财政资金应投未投、保障不力，以及资金滞留闲置、效益低下、损失浪费等问题，促进合理配置财政资源、优化财政支出结构、提高财政资金使用绩效。

4.公共卫生民生重大改革推进情况。主要监督检查与公共卫生民生有关的重大改革的落实进展和实际效果，促进重大改革取得突破。揭示和反映改革措施不配套、不衔接甚至相互矛盾、抵消等问题，积极提出建议，促进改革协调推进、形成合力。

5.公共卫生民生制度规则完善情况。根据党和国家出台的公共卫生民生重大政策措施，监督检查有关部门规章和地方性法规修订完善情况，促进及时建立健全与新政策新要求相适应的新办法、新规则。对不合时宜、制约发展、阻碍公共卫生民生重大政策落实的法律和行政法规，推动及时清理完善。对改革发展过程中的探索创新和新情况新问题，积极提出建议，推动形成新的制度规定。

6.风险隐患防范情况。揭示公共卫生民生领域存在的薄弱环节和风险隐患，以及可能引发的社会不稳定因素，注意发现和反映苗头性、倾向性问题，及时发出风险预警，积极提出解决问题和化解风险的建议，防止出现区域性和系统性风险，维护国家安全。

第三节　公共卫生审计发现的典型问题

对应前述公共卫生民生审计的主要内容，审计过程中发现的典型问题包括：

一、使用虚假申报材料套取公共卫生民生专项资金

《财政部关于印发中央对地方专项转移支付管理办法的通知》（财预〔2015〕230号）第二十三条规定：“专项转移支付资金的申报单位和个人应当保证申报材料的真实性、准确性、完整性。”这就要求各部门、各单位应确保申报公共

卫生民生专项资金相关材料的真实性、准确性、完整性，严禁提供虚假申报材料套取公共卫生民生专项资金。然而审计中发现，一些部门和单位存在提供虚假申报材料套取公共卫生民生专项资金的行为。

典型问题示例

使用虚假申报材料套取公共卫生民生专项资金①

Y市审计局在对该市2010年至2011年基本公共卫生专项资金管理使用情况进行审计时发现，Y市所属L区2011年利用重复录入等手段虚报居民健康档案建立数量20097份，以每份档案建档单价5元/人计算，L区多领取财政补助10余万元；Y市所属S区2011年虚报65岁以上老年人体检数758人，以人均体检价169元计算，多领取财政补助13万元；Y市所属Z区2011年虚报糖尿病人群随访人次1779次，以每次随访单价24元计算，多领取财政补助4万元。

二、公共卫生民生专项资金拨付不及时、不足额

我国《预算法》第五十七条规定："各级政府财政部门必须依照法律、行政法规和国务院财政部门的规定，及时、足额地拨付预算支出资金……各级政府、各部门、各单位的支出必须按照预算执行。"这就要求各级政府财政部门、公共卫生部门及时、足额地向项目实施单位拨付公共卫生民生专项资金。然而审计中发现，一些地方政府财政部门、公共卫生部门拨付公共卫生民生专项资金不及时、不足额，导致资金滞留中间环节，无法发挥资金效益。

典型问题示例

公共卫生民生专项资金拨付不及时②

Y市审计局在对该市2010年至2011年基本公共卫生专项资金管理使用情况进行审计时发现，该市财政局2012年6月才清算拨付市卫生局2011年度清算资金××××万元，延压近半年。

①② 审计署教科文卫审计司．教科文卫审计案例汇编［M］．北京：中国时代经济出版社，2017：382-388.

三、截留、挪用公共卫生民生专项资金

我国《预算法》第六十三条规定："各部门、各单位应当加强对预算收入和支出的管理，不得截留或者动用应当上缴的预算收入，不得擅自改变预算支出的用途。"这就要求各相关部门和单位要严格按照公共卫生民生专项资金的用途使用这些资金，严禁截留、挪用公共卫生民生专项资金行为的产生。然而审计中发现，一些部门和单位存在截留、挪用公共卫生民生专项资金的行为。

典型问题示例

截留、挪用公共卫生民生专项资金①

Y市审计局在对该市2010年至2011年基本公共卫生专项资金管理使用情况进行审计时发现，该市财政局截留2010年度基本公共卫生专项资金近××××万元，该市卫生局2010—2011年度超范围使用资金××万元。

四、公共卫生民生专项资金闲置严重

审计中发现，一些部门和单位的公共卫生民生专项资金存在大量结余，资金使用效率低，未能有效实现公共卫生民生专项资金的政策目标。

典型问题示例

公共卫生民生专项资金闲置严重②

在对某自治区2011—2012年度基本公共卫生服务经费进行审计时，审计人员发现，抽查的大部分卫生机构都存在不同程度的结余，累计结余8170.13万元，占抽查机构2012年基本公共卫生服务经费拨款的44.8%。

五、违规乱收费

财政部《预算外资金管理实施办法》（财综字〔1996〕104号）第十三条规

① 审计署教科文卫审计司．教科文卫审计案例汇编［M］．北京：中国时代经济出版社，2017：382–388.

② 审计署教科文卫审计司．教科文卫审计案例汇编［M］．北京：中国时代经济出版社，2017：391–393.

定："部门和单位要严格按照国家法律、法规和规章所规定的范围和标准，收取和提取预算外资金。"这就要求公共卫生部门和所属单位、各级各类学校要按照规定的范围和标准收取相关费用，严禁在规定项目外收费，严禁超范围、超标准、超出法定时限收费。然而审计中发现，一些部门和单位存在违规自设项目收费，超范围、超标准收费等行为。

典型问题示例

违规乱收费①

在对某医院财政财务收支及医疗政策执行情况进行审计时，审计人员发现，该院存在走廊加床位费、重症监护费等项收费标准超过核定单价，低标准项目按照高标准项目水平收费，重复多收费，自立项目收费等问题。

六、公立医院医疗用品采购程序不合规

审计发现，一些公立医院在采购医疗用品时，存在采购程序不合规，甚至是采购腐败的问题。

典型问题示例

公立医院医疗用品采购程序不合规②

云南省第一医院原院长王天朝违规要求进口医疗设备供应商在中标后，将采购合同"委托"其亲属参股企业代理，牟取暴利。

七、公共卫生民生工程未经集体决策

公共卫生民生工程如果投资金额较大，则属于"三重一大"中的重大项目投资决策，应履行集体决策程序。然而审计发现，一些单位存在公共卫生民生工程未按规定履行集体决策程序的问题。

---

① 审计署教科文卫审计司．教科文卫审计案例汇编［M］．北京：中国时代经济出版社，2017：405-410.

② 刘家义．国务院关于2014年度中央预算执行和其他财政收支的审计工作报告，http://www.audit.gov.cn/n5/n26/c67491/content.html.

典型问题示例

公共卫生民生工程未经集体决策[①]

根据《A医院实施“三重一大”制度的实施细则》规定，30万元以上的修建项目属于领导班子集体决策的“三重一大”事项。然而审计人员发现，2011年至2013年，A医院将内科大楼生物样本库工程等×××个合同金额在30万元至200万元的项目，拆分成金额在30万元以下的零星工程，共签署了××份合同，金额共计×××万元，未按规定上报集体决策。设计单位均未按中国地震局提高地震动峰值加速度值的要求取值，影响了新建校舍的抗震性能。

八、公共卫生民生工程未按规定公开招投标

《工程建设项目招标范围和规模标准规定》[②]第七条规定：“各类工程建设项目……达到下列标准之一的，必须进行招标：（一）施工单项合同估算价在200万元人民币以上的；（二）重要设备、材料等货物的采购，单项合同估算价在100万元人民币以上的；（三）勘察、设计、监理等服务的采购，单项合同估算价在50万元人民币以上的；（四）单项合同估算价低于第（一）、（二）、（三）项规定的标准，但项目总投资额在3000万元人民币以上的。”然而审计中发现，一些符合上述标准的公共卫生民生工程未按规定公开招投标。

典型问题示例

公共卫生民生工程未按规定公开招投标[③]

审计发现，2011年6月，A医院经院务会讨论同意，将估算价×××万元以上的PET-CT中心机房及配套医疗用房改建工程拆分为屏蔽工程和精装修工程，并采取邀请招标方式确定施工方——上海某建筑装饰工程有限公司，双方签署7份单价均为200万元以下的《建设工程施工合同》，合同金额共计×××万元。

---

① 审计署教科文卫审计司．教科文卫审计案例汇编［M］．北京：中国时代经济出版社，2017：445–447.

② 该规定已于2018年废止．该领域最新的规定是《必须招标的工程项目规定》（中华人民共和国国家发展和改革委员会令第16号）.

③ 审计署教科文卫审计司．教科文卫审计案例汇编［M］．北京：中国时代经济出版社，2017：445–450.

九、公共卫生民生重大项目建设进展缓慢

审计中发现，存在一些公共卫生民生重大项目建设进展缓慢或长期停工的问题。

典型问题示例

公共卫生民生重大项目建设进展缓慢[①]

2018年第四季度国家重大政策措施落实情况跟踪审计结果表明，辽宁省等6个地区的7个水利、公路、医院等项目由于初步设计方案调整、前期工作进展滞后等，逾期1年以上未开工，涉及总投资额49.97亿元。

第四节　公共卫生审计微案例

微案例一：公共卫生民生专项资金审计[②]

（一）项目基本情况

近几年来，某审计局认真贯彻“依法审计、服务大局、围绕中心、突出重点、求真务实”的指导思想，紧紧围绕党和政府的工作重心，重点聚焦社会关注的热点和难点问题，2015年开展了对S县2014年度义务公共卫生阶段专项资金的审计调查，较好地发挥了审计监督作用。审计结果得到了市政府、相关部门的高度重视。

1.立项背景。党的十八大以来，某市公共卫生事业取得了较快的发展。有关数据表明，自2011年起，全市财政公共卫生支出连续五年成为全市第一大公共财政支出。“十二五”时期，全市财政公共卫生支出年均增长15%，其中义务公共卫生阶段公共卫生资金相比学前、高中等其他阶段公共卫生，资金投入量最多。

2.立项依据。根据《中华人民共和国审计法》第二十七条的有关规定，2015年9月至10月，某审计局对S县2014年度义务公共卫生专项资金管理使用情况进行了审计调查。

---

① 审计署.2019年第1号公告附件.审计署官网，http：//www.audit.gov.cn/n5/n25/c130878/content.html，2019-04-02.

② 本案例根据《S县2014年度义务公共卫生阶段专项资金审计调查案例》整理而成.见：审计署教科文卫审计司编.教科文卫审计案例汇编［M］.北京：中国时代经济出版社，2017.

3.项目基本情况。2014年S县义务公共卫生阶段专项资金包括全面改善贫困地区义务公共卫生薄弱学校基本办学条件(以下简称“全面改薄”)项目、营养改善计划资金、特岗教师工资补助、寄宿生和乡村教师生活补助、义务公共卫生阶段公用经费及农村教师周转宿舍建设资金等。

(二)项目实施情况

1.项目审计重点及具体目标。通过查阅S县公共卫生局相关资料,外围走访调查该县财政局、国土局等有关单位,审计人员对S县义务公共卫生阶段专项资金筹集管理、资金使用流程、资金收支基本情况和内部控制制度等内容进行了比较全面、具体、深入的调查了解。通过对这些情况和资料的分析、内控测试以及风险性评估,结合此次审计调查的立项背景和项目基本情况,审计组将S县“全面改薄”项目、农村教师周转宿舍建设项目、营养改善计划确定为本次审计调查重点,同时延伸调查义务公共卫生专项资金涉及的某公共卫生园区县级重点项目建设情况。一是调查S县“全面改薄”项目计划。重点核实县级相关部门对中央、省级、县级“全面改薄”资金分配、管理、使用的及时性、有效性,是否符合相关规定。二是调查S县营养改善计划的实施和资金管理使用情况。重点核实结余资金的形成原因,是否存在虚报人数、套取资金并挪作他用的问题;检查营养改善计划招投标是否合规,有无随意变更合同内容;抽查农村学校享受营养餐人数等相关资料,调查S县营养改善计划实施及管理水平。三是调查S县教师周转宿舍建设项目实施和资金管理使用情况。重点核实教师周转宿舍建设项目是否符合实际情况,资金有无挪用,项目建成后有无挪作他用,建设程序是否合规。

2.项目组织模式。结合义务公共卫生阶段专项资金量大、涉及学校多且资金分散的特点,决定由行政事业处处长担任审计组组长,副处长担任副组长,处内其他6名业务骨干组成审计组实施此次审计调查。为确保此次审计调查项目的顺利实施,审计组根据审计调查实施方案确定了审计目标和审计重点。

3.项目审计的主要方式。在摸清S县义务公共卫生阶段专项资金管理使用总体情况的基础上,审计组分为三个小组,首先对资金量大的职教园区建设、“全面改薄”和营养改善计划专项资金开展审计调查。

(1)抓主抓重,层层聚焦。由于资金投入使用在学校,故可同时兼顾农村教师周转宿舍、寄宿生补贴等专项资金的审计和实地走访调查,还可对涉及县财政直接拨付的乡村教师生活补贴、特岗教师工资补贴、公用经费等专项资金进行外围调查。该县县委、县政府高度重视当地公共卫生发展,公共卫生投入资金在县财政总支出中的占比较大,全县涉及义务公共卫生专项资金学校

300多所。审计组要求各小组在各自分工、各有侧重的前提下，坚持3天召开一次碰头会，及时沟通情况。同时，在审计调查期间，分管副县长深入审计一线，实地调研项目实施情况。在听取审计组阶段性工作汇报后，对发现的审计疑点、问题线索和下一阶段审计侧重点提出了抓主抓重、层层聚焦的要求，要求审计组紧紧围绕审计目标和重点，对发现的问题和线索要查深查透、深入剖析，从体制、机制及管理等方面进行综合分析，有针对性地提出审计建议，提升审计的质量和成果。此次审计调查，除审查账务账表和项目资料外，审计组还采取实地调查、座谈、走访等方式收集信息，查找线索。

（2）重点关注某公共卫生园建设资金管理使用情况。审前调查了解到，2011年9月，S县县委、县政府确定2012年至2014年实施某千亩公共卫生集中区建设工程，总投资额3.8亿元。园区规划占地面积5000亩，分成建成区、核心区和配套区三个板块。建成区占地1250亩，由一中、二中和职教中心实训基地组成；核心区占地1500亩，工程包含新建学校6所（高中2所、职中1所、初中1所、小学1所、幼儿园1所）和教师培训中心，新增学校建设用地710亩，新增道路、广场建设用地300亩，新建校舍19.2万平方米；配套区占地2250亩，主要建设公园，即学生的“读书林”。审计组讨论分析认为，S县政府及公共卫生局大力支持扶持公共卫生园的建设，公共卫生园规划面积较大、投入资金多，而按照S县近两年的财政收入情况看，无法满足核心区建设资金的需求，且核心区学校的建设年度符合这次审计调查的范围，因此，审计组将公共卫生园核心区学校的建设资金筹集管理使用情况作为审计重点。重点调查建设程序是否合规，建设资金来源是否合规，是否存在挤占、挪用其他专项资金进行建设以及配套资金是否及时到位，是否发挥作用。

4.项目审计技术方法。这次审计调查项目分散，资金使用范围广，在审计的方法上，主要采用以下两种。

（1）运用内部控制测评、重要性水平确定和风险评估，对重点资金管理使用进行摸排分析。审计组讨论分析认为，S县义务公共卫生专项资金量大、项目多且资金比较分散，但根据资金管理和拨付渠道等审计调查摸排情况看，乡村教师生活补贴、特岗教师工资补贴资金、寄宿生补贴资金均通过县财政直接补助到有关学校及个人，管理比较规范。

（2）鉴于县级公共卫生部门计算机运用有限，审计组充分运用Excel表格工具开展计算机辅助审计，重点分析检查“全面改薄”专项资金。由于该项目实施单位为学校，具有“三多”（学校数量多、学校性质多、项目实施类别多）的特征，加之部分学校电算化会计还未全部普及，专项资金的收支结余情况以手工账表记载反映，AO审计系统难以施展。为了掌握翔实、全面的资金运行情况，审计人员将该项目所有涉及的相关数据表格通过Excel表格全部关联到一张表格内，制作了“项目建设情况表”，将项目实施单位、学校性质、资金来源（中央、省、市、县）、资金收支结余、距县城公里数及项目建设情况（包含项目建设内容、前期费用、中标单位、中标价、立项时间、开工时间、工程进度、施工单位、监理单位、质保金比例）等内容汇集到一张表内。审计人员对数据的合理性设定了有效性限制，对数据之间的关系、关联设置了勾稽公式，对文字表述性内容设定了条件格式。按照表内各项内容设置下拉选项，审计人员可以用最快的速度直接筛选、查找和掌握某类或某个项目具体实施情况和资金使用情况。同时，“全面改薄”项目实施学校大部分在贫困偏远的农村，项目实施单位以学校为主，需要审计人员实地调查核实项目实施情况的，审计组根据学校分布地图和项目实施重要性程度，确定高效、科学的实地调查路线，大大节约了现场审计工作时间。通过上述方法，极大地提高了工作效率和审计质量。

（三）审计发现的主要问题

审计组按照审计调查实施方案确定的重点层层聚焦，发现确实存在公共卫生园建设想方设法挤占其他专项资金的情况，特别是用补短板的“全面改薄”项目资金建设公共卫生园。

挤占专项资金3210万元用于公共卫生园学校建设。一是将2012年至2013年省财政下达的农村义务公共卫生薄弱改造补助资金1200万元用于新建C高中学校食堂、教学楼、综合楼。二是将C高中纳入S县2014年和2015年《全面改善贫困地区义务公共卫生薄弱学校基本办学条件项目实施计划》，并用“全面改薄”县级资金600万元用于该高中3个建设项目。三是将中央“全面改薄”专项资金800万元用于C高中教学楼建设。四是将2013年中西部农村初中校舍改造工程中央基建资金400万元用于公共卫生园D中学公寓楼建设。五是挪用农村义务公共卫生阶段家庭经济困难寄宿生生活补助资金210万元，用于公共卫生园区建设。

审计调查还发现除公共卫生园建设以外的问题，如S县公共卫生局将农村义务公共卫生薄弱校改造补助资金1500万元、“全面改薄”县级资金2300万元用于非义务公共卫生阶段的Y学校食堂、教学楼等项目建设。

案例讨论题：

请结合案例材料分析如何设计审计程序，以审查被审计单位是否存在挪用公共卫生民生专项资金的问题。

微案例二：公立医院医疗用品采购审计[①]

（一）成立仅一年的公司拿到2000多万元供货合同

2013年年底，审计署统一组织对18个省的财政存量资金进行审计。根据安排，审计署昆明特派办牵头负责对云南省本级的财政存量资金进行审计。在云南卫生系统，作为第一大存量资金单位的云南省第一人民医院，自然成为此次财政存量资金审计的重点对象。承载着总理寄托的反腐败“利剑”的使命，审计组并没有单纯将目光局限于医院账上“躺”着多少钱，都是些什么钱，同时也带着“群众看病难、看病贵，其症结在哪里”“医疗设备采购招投标中的不合规问题，该院是否存在”等疑问，在核查存量资金规模与结构的同时，对医疗设备采购、药品经销等腐败易发、多发领域进行了深入核查。

审计过程中，一家成立时间不长并获取大量业务的公司引起了审计人员的怀疑。通过收集和分析医院的财务数据发现，2004—2013年的9年间，云南省第一人民医院共向7家医疗设备供应商进行采购，并支付款项1.64亿元。而其中一家供货商M公司，在2010年才开始成为云南省第一人民医院的医疗设备供货商，当年的合同金额就达2194.17万元，占该医院当年采购金额4656.84万元的47%。

这组数据让审计组产生了疑问，医疗设备供应商的准入门槛比较高，从设备质量和价格等方面的因素考虑，医院一般愿意与长期合作的供应商进行交易。审计组的一位审计人员说：“按照常理来看，即使医院引入新的供应商，也不应该有这么大的采购量。”

随后，审计人员进一步从外围延伸调查，发现的结果让人吃惊：该公司2009年5月才成立，注册资本仅300万元。

一个资质如此之浅的公司，为何仅仅成立一年，便获得了2000多万元的采购合同？

（二）公司出资最多的自然人股东是医院院长王天朝之女

带着这些疑问，审计人员对该公司进行了进一步的了解，发现该公司共有一个法人股东和7个自然人股东，其中有6人从事过医疗设备的相关业务。

这时，一个出资最多、持有公司三分之一股权的自然人股东王某引起了审计人员的注意。

王某出生于1985年，从时间上判断，2009年刚刚大学毕业。一个如此年轻的股东怎么会有这么多的资金呢？

---

① 张文凌．国家审计故事系列报道之一：云南“双百院长”落马记［N］．中国青年报，2015-06-30（0001）．

根据审计经验，成立一个相对专业的公司，要么有专业技术，要么有销售渠道。从资料上看不出王某有专业技术，那么她极有可能是有销售渠道，可是一个刚毕业的大学生能有什么销售渠道呢？

随后的审计查证表明，M公司的股东王某，恰恰就是医院院长王天朝的女儿。《中国共产党党员领导干部廉洁从政若干准则》规定，领导干部不得利用职权和职务上的影响，为配偶、子女经商、办企业提供便利和优惠条件。鉴于该公司的股东已确定是王天朝的女儿，王天朝就存在违纪嫌疑。

（三）不参加竞标也能获得5000万元大单

M公司是一家以进口医疗设备为主的外贸企业，但审计人员发现，该公司在与云南省第一人民医院做第一笔生意的时候，还没有取得医疗设备代理进口的资质，而是在几年后才逐步取得的。

那么，资质较浅的M公司如何拿到云南省第一人民医院的大单，王天朝父女有没有从中获取利益呢？

问题很快有了答案。

在新一轮核查中，审计组发现，2010年4月至2011年4月，云南省第一人民医院与M公司一共签订了13份医疗设备代理进口协议，金额共5071.25万元。

然而，当审计组要求医院提供招投标材料时，医院只能提供与M公司签订的采购合同，无法提供招投标材料。

也就是说，M公司并没有参与省第一人民医院的医疗设备采购公开招标，却拿到了医院的采购合同。

其方式就是一份“三方协议”。

经审计人员了解，在省第一人民医院的公开招投标中，有6家知名的公司参加了竞标。而竞标成功后，他们都与M公司签订了三方协议，王天朝作为院方代表人也在三方协议中签字。

按照协议约定，医院将全部采购资金付给M公司，由M公司代理中标公司采购进口医疗设备。进一步调查发现，其中一家已经获得西门子公司授权经销医疗设备的公司，中标该医院1797.73万元的西门子医疗设备采购合同后，并没有从国外生产商进口设备，而是将设备采购工作全部委托给了M公司，自身仅获得10万元报酬。

“由于医疗设备专业性较强，并且配置不同，同样的设备价格就会不同，所以无法利用其他医院的同类设备来进行比价。”一位审计人员说，查证至此，问题已经显而易见。为避免打草惊蛇，审计人员又将取证重心转向外围，寻找新的证据。最终，审计人员从13份协议相关信息的比对中，锁定其中3

份协议，经测算得出M公司获得购销差价1320万元，3份协议购销差价率高达47%，其中最高的一份达到77.5%。

王天朝利用职务之便，违规为其女儿参股企业牟利的事实由此浮出水面。

案例讨论题：

请结合案例材料分析被审计对象在医疗设备采购中的违规行为。

本章参考文献：

[1] 审计署行政事业审计司.部门预算执行审计指南[M]. 北京：中国时代经济出版社，2007.

[2] 尹平，郑石桥.政府审计学[M]. 北京：中国时代经济出版社，2013.

[3] 王会金，许莉.审计学基础[M]. 北京：中国时代经济出版社，2014.

[4] 审计署财政审计司.财政审计[M]. 北京：中国时代经济出版社，2015.

[5] 刘家义. 国务院关于2014年度中央预算执行和其他财政收支的审计工作报告[EB/OL]，http：//www.audit.gov.cn/n5/n26/c67491/content.html，2015-6-28.

[6] 张文凌. 国家审计故事系列报道之一：云南“双百院长”落马记[N]. 中国青年报，2015-6-30（1）.

[7] 审计署教科文卫审计司. 教科文卫审计案例汇编[M]. 北京：中国时代经济出版社，2017.

[8] 裴育，欧阳华生.财政审计学[M]. 北京：高等教育出版社，2018.

[9] 胡泽君.中国国家审计学[M]. 北京：中国时代经济出版社，2019.

[10] 审计署.2019年第1号公告附件[EB/OL]，http：//www.audit.gov.cn/n5/n25/c130878/content.html，2019-04-02.

9 Chapter 第九章 突发公共事件审计

第一节　突发公共事件审计概述

一、突发公共事件审计基本概念

突发公共事件审计是以系统方法，从行为、信息和制度三个维度对突发公共事件应对责任履行中的代理问题和次优问题实施的独立鉴证，并将审计结果传递给利益相关者的制度安排，属于突发公共事件应对体系的组成部分。

突发公共事件审计属于突发公共事件应对体系的组成部分。突发公共事件审计必须以其固有功能在突发公共事件应对体系中进行准确的定位，不能承担其难以履行的职能，同时还要与应对体系中的其他成员相协同，避免职能重复。突发公共事件审计的对象是突发公共事件应对责任。在突发公共事件资源类委托—代理关系中，代理人对委托人承担了最大善意使用相关资源并做好突发公共事件应对的责任。由于人性的自利和有限理性，在合约不完备、激励不相容、信息不对称和环境不确定性的条件下，代理人可能产生代理问题和次优问题。为此，必须建立和实施相应的治理机制，突发公共事件审计是这个治理机制中的成员之一，其审计对象就是代理人承担的突发公共事件应对责任。

突发公共事件审计主要关注突发公共事件应对责任履行中代理问题和次优问题的审计，属于问题导向，通过发现问题和整改问题，促进代理人更好地履行突发公共事件应对责任。突发公共事件审计从行为、信息和制度三个维度开展。行为维度，关注相关行为是否符合法律法规。信息维度，一方面关注信息是否真实；另一方面，如果信息表征绩效，还需要关注绩效是否低下，制度维度，关注相关制度设计及执行是否存在缺陷。具体来说，主要关注四类问题：相关行为是否合规、相关信息是否真实、相关绩效是否低下、相关制度是否健全。

突发公共事件审计需要履行鉴证职能。这里的鉴证是指用系统方法厘清审计事项的真实情况。当然，并不排除在突发公共事件审计中履行其他审计职能，但鉴证是基础性的，所有审计主体、审计业务类型都必须履行。在突发公共事件审计中，鉴证及其他职能的履行都必须采用科学、有效的方法，系统方法的具体体现就是突发公共事件审计预案和审计准则。审计机关和审计人员在开展突发公共事件审计时要保持独立性，以保障审计结论的客观性。

二、突发公共事件审计目标

根据经典审计理论，代理人履行其突发公共事件应对责任时可能出现的代理问题和次优问题涉及的审计主题包括财务信息、业务信息、相关行为和相关制度。突发公共事件应对中所涉财务信息指的是与资金物资相关的信息，审计机关主要关注该信息是否存在虚假，该类型审计针对的是真实性目标。如果财务信息表征了财务绩效，审计机关也可能关注这种绩效水平，并分析导致绩效水平产生差异的原因，还可能提出改进绩效的建议，该类型审计针对的是效益性目标。审计机关首先关注与突发公共事件及其应对相关的业务信息（主要是非财务计量的信息）是否存在虚假，该类型审计针对的是真实性目标。如果业务信息表征了突发公共事件应对的绩效水平，则审计机关还可能评价绩效水平、分析绩效差异并提出改进绩效的建议，该类型审计针对的是效益性目标。对于履行突发公共事件应对责任而发生的财务行为及业务行为，审计机关主要关注其是否符合相关法律法规，该类型审计针对的是合法性目标。为了更好地履行突发公共事件应对责任，相关机构和人员会设计相应的规章制度及业务流程，并遵照规章制度执行各项与应对公共突发事件相关的活动，审计机关关注制度设计及执行是否存在缺陷，该类型审计针对的是健全性目标。

上述真实性、合法性、效益性和健全性目标是与审计主题相对应的，这些审计目标共同称为“审计总目标”。在审计实施中，审计主题还要对应审计标的，同样审计总目标也要分解到审计标的，形成审计具体目标，审计活动正是围绕其开展的。不同的审计主题分解形成的审计标的不同，不同审计主题有不同的审计总目标，基于审计标的的审计具体目标较为复杂。目前，业务信息、相关行为、相关制度这些如何分解为审计标的尚未形成公认的方法，其审计具体目标也难以形成公认体系。但是，针对财务信息审计主题所分解的审计标的已经形成成熟的审计方法，也即基于真实性目标分解而形成的审计具体目标已经形成公认的方法。审计标的具体代指各类交易和事项、各类期末账户余额和各类列报等，而审计具体目标包括交易是否发生、交易记录完整性与准确性、计价和分摊等是否准确等，这些内容在以往审计教材中均有论述，此处不再赘述。

三、突发公共事件审计对象

根据《中华人民共和国突发事件应对法》，突发公共事件包括自然灾害、事故灾难、公共卫生事件和社会安全事件四大类，涉及的审计对象非常广泛，一般可以将涉及突发公共事件的相关部门与组织机构纳入审计范围，主要包括：应急管理、发展改革、财政、民政、交通运输、农业、林业、水利、铁路、广播影视、公安（消防）、医疗卫生、国土资源、电力、通信、测绘、海关、出入境检验检疫、安全生产、地震救援、海上搜救、矿山救护、森林消防、防洪抢险、核与辐射、环境监控、危险化学品事故救援、铁路事故、民航事故、工程抢险救援等。在灾后重建跟踪审计中还应当将规划、教育、科学、文化、商务、工商、工业、广播影视、体育、人力资源社会保障、金融等部门纳入审计监督范围。此外，按照审计全覆盖的要求，使用相关财政资金、接受社会捐赠的社会团体组织也应当纳入审计范围。

四、突发公共事件审计依据

与突发公共事件审计相关的审计依据主要有：

《中华人民共和国突发事件应对法》；

《中华人民共和国防震减灾法》；

《中华人民共和国防洪法》；

《中华人民共和国防沙治沙法》；

《中华人民共和国气象法》；

《中华人民共和国安全生产法》；

《中华人民共和国矿山安全法》；

《中华人民共和国道路交通安全法》；

《中华人民共和国生物安全法》；

《中华人民共和国核安全法》；

《中华人民共和国特种设备安全法》；

《中华人民共和国传染病防治法》；

《中华人民共和国疫苗管理法》；

《中华人民共和国职业病防治法》；

《中华人民共和国消防法》；

《中华人民共和国固体废弃物环境污染防治法》；

《中华人民共和国水污染防治法》;
《中华人民共和国大气污染防治法》;
《中华人民共和国土壤污染防治法》;
《中华人民共和国放射性污染防治法》;
《中华人民共和国公益事业捐赠法》;
《中华人民共和国红十字会法》;
《中华人民共和国慈善法》。

此外，党和国家以及相关职能部门制定了大量法规、规章及方针政策，均可作为突发公共事件审计依据。

第二节　突发公共事件审计主要内容

一、对应对措施的安排情况的审计

审计机关首先要对突发公共事件发生后，有关地区、部门的政府机构响应情况做出评价。评价的主要依据，应当是国务院以及各地方政制定的各类突发公共事件《应急预案》，也包括各部门分工中关于应急事件处理的职责要求。评价的主要内容包括：第一，相关机构对突发公共事件的响应是否及时；第二，安排的处置措施是否恰当，是否包括了《应急预案》规定的必要措施；第三，处置措施有无落实相应资源保障，如应急资金是否安排了预算，防汛等应急物资是否落实，应急道路是否安排抢修，通行能力是否满足要求，电力是否接通，应急通信设备是否开通等；第四，处置措施是否及时落实到具体部门和责任人员。

二、对应对措施落实情况的审计

在突发公共事件的处置和应对开始后，审计机关应当跟踪审计各项应对措施的落实情况。包括：第一，应急事件处置工作规划的编制是否完成，规划是否切实可行；第二，应急资金预算批复、资金下拨、支付、管理、使用是否及时、到位，是否符合相关规定；第三，应急物资的运输、保管、发放工作是否及时，是否符合事件处置的需要，物资处置、分配是否公平，是否符合事先界定的原则。第四，应急机构的组成和履责情况是否符合事件处理需要；第五，事件处理过程是否符合国家有关政策，有无滥用权力引发不良影响，或处理拖沓导致资源浪费等现象；第六，事件处理过程的信息发布是否及时、准确，是否起到正确引导作用等。

三、对恢复重建工作的跟踪审计

对重大自然灾害或重大事故造成的永久性破坏，需要组织及时、有力的恢复重建工作。此项工作的紧急性仅次于突发事件的应急处置，但因其事涉周边百姓长远生产生活条件的恢复，重要性更加突出。恢复重建工作本身要遵循基本建设一般规律，也要履行基本建设程序，对恢复重建项目的跟踪审计，与一般基本建设项目的跟踪审计要求大体是相同的。但恢复重建工作与突发公共事件的应急处置工作常常紧密结合在一起，因此也有自身的特点。简单而言，恢复重建工作的跟踪审计主要应当对与灾后恢复重建规划、资金管理使用、项目建设管理相关的中央部门、中央企事业单位、地方各级政府及单位进行审计，审计范围是灾后恢复重建规划和政策落实、资金管理使用、项目建设管理、土地利用和环境保护等情况。

恢复重建跟踪审计内容一般包括：第一，恢复重建资金分配管理使用情况及其效果，既包括资金筹集和拨付、支出的管理和核算情况审计，也包括资金是否存在挤占、挪用、损失、浪费或者贪污腐败等问题。第二，跟踪审计项目建设管理情况，包括电力、干线公路和高速公路项目以及城镇市政设施恢复重建情况，重点查处层层转包工程、偷工减料、以次充好造成的重大工程质量问题和安全事故。第三，跟踪审计项目基本建设程序审批和招投标情况。关注未批先建、未组织环境影响评估、未办理相关许可证、重大设计变更和概算调整未获批等问题；审计未按规定招投标、化整为零规避招标、招投标不规范、违规转包分包工程等问题。加大力度查处招投标中围标串标、暗箱操作、行贿受贿等严重违法违纪问题。

由于恢复重建工作往往持续多年，因此对恢复重建工作的跟踪审计也存在多次跟踪检查的特点。因此。在审计中还要关注以前年度跟踪审计和审计调查的结果和效果，追踪所移送的严重违法违规问题及犯罪案线索的查处情况。

四、对各项保障政策和措施的跟踪审计

对于重大突发公共事件的处置和恢复重建，政府往往会出台各种临时性政策，明确制定一些保障措施。跟踪审计应当将这些政策和措施的落实情况作为审计的重要内容，也可关注政策措施是否存在不切实际、无法落实的问题，发现制度、机制方面的漏洞并向有关部门反映。

审计力量具备时，还可以跟踪审计涉及灾区后续发展的规划实施情况。

调查生产力布局和产业结构调整情况及其效果，推动优化生产力布局，促进产业升级换代；调查城乡商贸和金融等市场服务体系恢复重建情况，促进为灾区生活、生产和发展提供市场服务保障；调查农村基础设施、农业生产设施和贫困村恢复重建情况，反映农村和农业重建中的困难和问题，促进加强农村建设，并跟踪审计调查支持灾区后续发展的政策措施执行情况及其效果；调查灾后恢复重建税费减免政策落实情况；调查金融支持政策执行情况及其效果，揭示和反映过度负债形成的财政风险和金融风险；调查灾区产业扶持政策执行情况及其效果，促进提高产业扶持政策的引导作用和扶持效果；调查就业援助和社会保险政策、粮食政策执行情况及其效果，促进提高灾区群众生活和生产保障能力。

第三节　突发公共事件审计典型问题

根据国家审计署与地方审计机关公布的扶贫审计结果公告，突发公共事件审计中发现的典型问题包括以下几方面。

一、抗灾救灾相关问题

（一）改变捐赠资金与物资用途

《中国红十字会募捐和接受捐赠工作条例》（1997年7月7日）第六条规定："募捐和接受捐赠的款物，要'专款专用'、合理分发使用；接受国（境）外捐赠的款物设立专项账户；均开具捐款收据，办理捐物手续。"

典型问题示例

擅自将捐赠资金用于购买救灾物资

审计署关于汶川地震抗震救灾资金物资审计情况公告（第1号）结果显示，2008年5月15日，河南省安阳县工商业联合会、安阳县红十字会接收到河南利源焦化公司等3家企业共60万元抗震救灾捐赠资金。之后，该负责人未经联合会领导班子集体研究，擅自将这些捐赠资金中的27.11万元用于购买物资。其中，17.95万元由该负责人经办，购买了服装、火腿肠、矿泉水、方便面和棉被。其购买的4.15万元服装全部是其弟为法人代表的安阳市北关区罗蒙服饰专卖店（该店营业执照已于2007年7月被该区工商分局注销）经销的，所出具的销售发票为假发票；其从另一家商店购买的9.5万元火腿肠，所出具的销售发票也是假发票。以上物资，按照河南省红十字会和四川省红十字会商定的发往地点，由该负责人经办于5月16日直接发往四川省广元市红十字会。审计抽查这些物资中的衣物发现，有的是他人定做的服装，有的是旧服装。

（二）救灾款物管理不规范

《民政部 财政部 国家粮食局关于对汶川地震灾区困难群众实施临时生活救助有关问题的通知》（民发〔2008〕66号）第四条规定："灾区各级民政、财政、粮食部门要以高度负责的态度，克服困难，密切配合，准确把握救助政策，抓紧实施。要立即组织力量，深入灾区核查灾情，审核确定救助对象，并登记造册，张榜公布，接受群众监督，做到不漏不重。省级民政、财政部门要尽快将审核确定的分县（区）救助对象人数上报民政部、财政部。"

典型问题示例

挪用扶贫资金与违规支出

审计署关于汶川地震抗震救灾资金物资审计情况公告（第2号）结果显示，部分乡镇尚未完全落实"每天一斤粮、十元钱"的救助政策。如四川省汶川、黑水、茂县和理县等4个重灾县应领取临时生活救助款的65个乡镇中，由于交通阻塞、灾情统计核查难度较大等原因，只有28个乡镇按时领到了救助款，理县的各乡镇均未领到；汉源县一些乡镇要求受灾群众承诺拆除地震受损房屋才发给其补助款和救济粮。

（三）救灾款物使用不及时

《民政部、财政部关于规范特大自然灾害救济补助费分配管理有关问题的通知》（民发〔2002〕127号）第四条规定："接到财政部、民政部拨款文件后，由省级民政部门提出拨款方案，商同级财政部门确定后，由财政部门和民政部门联合下文拨付，同时将拨款文件报送民政部、财政部。救灾应急资金应在10日内下达到县级，县级应在5日内落实到灾民手中；新灾救济资金和春荒、冬令灾民生活救济资金应在30日内下达到县级，县级要在15日内落实到灾民手中。”

典型问题示例

救灾资金拨付不及时

审计署关于汶川地震抗震救灾资金物资审计情况公告（第4号）结果显示，四川省财政厅将收到财政部安排的地震引发次生地质灾害调查评价经费2000万元未及时拨付到位，造成省地矿局等项目实施单位不得不自行垫支经费开展工作。陕西省财政厅共下拨给市县救助金46000万元，市县未发放18514.15万元，占40.25%。安康市收到省财政厅下拨的灾民救助金4476万元，未发放4403.28万元。四川省茂县尚未兑付3862名遇难人员家属抚慰金。

二、灾后重建相关问题

（一）违反招投标相关规定程序

《中华人民共和国招标投标法》第三条规定：“在中华人民共和国境内进行下列工程建设项目包括项目的勘察、设计、施工、监理以及与工程建设有关的重要设备、材料等的采购，必须进行招标：（一）大型基础设施、公用事业等关系社会公共利益、公众安全的项目；（二）全部或者部分使用国有资金投资或者国家融资的项目；（三）使用国际组织或者外国政府贷款、援助资金的项目。前款所列项目的具体范围和规模标准，由国务院发展计划部门会同国务院有关部门制订，报国务院批准。法律或者国务院对必须进行招标的其他项目的范围有规定的，依照其规定。”

典型问题示例

未按规定进行招投标

国家审计署汶川地震灾后恢复重建2011年度跟踪审计结果（第5号）显示，汶川县81个单项绿化工程未按规定进行招投标或比选，直接指定施工单位，涉及金额约6960万元。

（二）基本建设财务管理不合规

《基本建设财务管理规定》（财建〔2002〕394号）第三十七条规定："建设单位及其主管部门应加强对基本建设项目竣工财务决算的组织领导，组织专门人员，及时编制竣工财务决算。设计、施工、监理等单位应积极配合建设单位做好竣工财务决算编制工作。建设单位应在项目竣工后3个月内完成竣工财务决算的编制工作。在竣工财务决算未经批复之前，原机构不得撤销，项目负责人及财务主管人员不得调离。"

典型问题示例

竣工决算不及时

国家审计署汶川地震灾后恢复重建2011年度跟踪审计结果（第5号）显示，审计署重点跟踪审计的5批560个项目中，截至2011年9月底，仍有118个项目尚未完工，有277个已完工项目未按规定编制竣工财务决算报表，导致上述395个项目无法开展竣工决算审计。

（三）重建规划与方案不合理

《中华人民共和国防震减灾法》第六十八条规定："地震灾区的地方各级人民政府应当根据地震灾后恢复重建规划和当地经济社会发展水平，有计划、分步骤地组织实施地震灾后恢复重建。"

典型问题示例

灾害隐患防治打折扣

国家审计署2012年第4号公告结果显示，国务院《玉树地震灾后恢复重建总体规划》和青海省批准的《玉树地震灾区灾后恢复重建地质灾害防治专项规划》（以下简称《专项规划》）安排玉树灾区地质灾害防治任务349处，防治费用23.81亿元，要求在2012年底前完成。但青海省国土资源厅2011年编制的《玉树灾区地质灾害防治实施方案》中只安排了23处重大地质灾害隐患点防治任务，费用5.86亿元，仅为《专项规划》防治任务的6.59%和防治费用的24.61%。

第四节 突发公共事件审计微案例

微案例一：新冠肺炎疫情经费物资跟踪审计①

新冠疫情发生在2020年春节前夕，打乱了各行各业的年度计划，对于审计而言也是如此，并未料到需要组织一次疫情防控经费物资专项审计。疫情发生后，国家审计署与中央军委审计署及时布置疫情防控经费物资审计工作。2020年2月7日，国家审计署下发《关于做好新型冠状病毒感染肺炎疫情防控财政资金和捐赠款物审计监督工作的通知》，对新冠肺炎疫情防控审计监督工作进行了部署，随后，全国各地审计机构开始着手进行新冠疫情经费物资的专项审计工作；中央军委审计署从2月初开始布置军队方面关于疫情经费物资的审计工作。这充分体现了审计介入的及时性。在疫情发生之初就能及时介入疫情防控工作，体现了审计机构在重大突发公共卫生事件发生后能及时反应，快速由事后审计提前至事中审计。

新冠疫情经费物资跟踪审计集中于掌握疫情防控期间各级下拨的财政专项资金、捐款捐物去向及使用情况；查究是否存在违规截留经费物资，是否存在防控疫情期间玩忽职守、徇私枉法等行为；揭露在疫情防控中不作为、慢作为、乱作为现象；查看各级组织对上级下发的疫情指示要求落实情况；收集并反映各级组织在使用疫情经费物资过程中遇到的矛盾和问题；对疫情期间为保障重点抗疫企业所提供的贴息的规模、分配情况和管理使用情况进行了解掌握，为各地区打赢防控疫情攻坚战提供审计监督保障。

本次疫情审计的重点主要体现在以下4个方面：一是疫情防控相关政策和决策部署的落实情况，重点审查是否存在相关部门对上级政策和部署落实打折扣的现象，是否存在与疫情防控背道而驰的事项；二是银行业金融机构防疫资金发放情况，疫情期间央行和财政部等部门出台了多项举措保障重点抗疫企业平稳生产运营，发布了多项财政贴息和贷款优惠政策，审计过程中需要重点关注这些政策是否精准落实到位，关注银行是否变相增加各类贷款条件，设置过高门槛，拨付进度过慢等问题；三是了解并掌握企业获取和使用贴息贷款情况，是否存在资金未专款专用，是否有挪作他用的事项发生，是否真正将资金用于疫情防控物资的生产；四是对社会捐赠经费物资进行摸查，重点审查捐赠经费物资的公开透明性，有无私自挪用、贪污捐赠经费物资的情况。此次审计的重点在关注经费物资使用的合规性基础上更注重对疫情防控的及时性和政策

① 本案例根据刘树刚（2020）改编.

要求的落实情况，尤其是在疫情防控中履职不认真、制度要求落实不彻底的，将被重点审计。

不同于以往的突发公共事项跟踪审计，疫情专项审计需要面对不可控的新型冠状病毒，该病毒的传染力强，我国采取了前所未有的疫情防控措施，湖北的一些城市甚至采取“封城”措施。在疫情暴发期间进行专项审计也是我国首次。面对特殊的审计环境，审计方式随之发生变化。疫情专项审计提倡以非现场审计为主，采取网上报送，非现场审计的方式进行专审，如深圳特派办采用了“数据分析+重点审计”的方式，利用互联网平台搜集相关信息和文件后，采取查阅资料、电话询问等非接触的方式开展工作，既满足了疫情防控的要求，又达到了审计的目的。

案例讨论题：

1.在公共卫生突发事件中，国家审计与军队审计的对象与内容有何不同？

2.新冠疫情下的跟踪审计方式有何优点与缺点？

微案例二：汶川地震灾后恢复重建跟踪审计“期望差”①

2011年5月，有新闻媒体报道四川省绵阳市三台县违规将国家下拨的9000万元汶川地震灾后重建资金拨给宏达公司增加注册资本，引起舆论广泛关注。审计署固定资产投资审计司负责人6月2日就此回答记者提问时表示，审计署已派审计组赶赴三台县调查核实情况，当地党委政府已启动问责程序，追究有关责任人的党纪政纪和法律责任。

[记者]四川省三台县挪用灾后重建资金一事被曝光后，有媒体质疑跟踪审计未发现这一重大问题，或审计发现了但未将其作为重大问题处理。对此您怎么看？

[负责人]首先，衷心感谢新闻媒体工作者和广大网民对审计工作进行监督并作出评价。审计监督与社会舆论监督的目标是一致的。在我们看来，这些评价，不管肯定还是批评，无论委婉还是犀利，都体现了社会各界对审计工作的关心、爱护和支持。对此，我们表示真诚的欢迎和感谢。

审计署党组高度重视汶川地震灾后恢复重建工作。但由于汶川地震灾后恢复重建资金约1万亿元，重建项目4万多个，而审计力量有限，不可能对每个重建项目都进行跟踪审计，因此，在安排跟踪审计工作时，我们按照灾后恢复重建的优先顺序，先后对城乡居民住房、中小学校、医疗卫生机构等民生工

① 本案例来自国家审计署官方网站“审计要闻”栏目，http：//www.audit.gov.cn/n4/n19/c44140/content.html.

程，以及交通、水利、市政等投资额较大的基础设施项目进行跟踪审计。2008年9月以来，集中组织5000多名审计人员2万余人次，对规划总投资中6900多亿元的2万多个项目进行了跟踪审计。

在汶川地震灾后恢复重建中，三台县规划重建4207个项目，规划总投资218.36亿元。其中，绵阳宏达资产投资经营（集团）有限公司（以下简称“宏达公司”）负责党政基础设施、政府办公楼维修加固和乡镇公职人员周转住房等158个项目建设，规划总投资2.09亿元，其中中央资金15397万元。由于宏达公司负责的项目不属于优先重建的民生工程，且单个项目平均投资额仅100多万元，因此，审计署在根据重建进度确定审计项目时，未将其作为优先跟踪审计的重点。

三台县违规用灾后恢复重建资金增加注册资本问题5月28日被曝光后，审计署高度重视，立即安排重庆特派员办事处审计组于次日赶赴三台县调查核实有关情况。5月30日，四川省审计厅和绵阳市审计局也分别派员赴三台县，配合重庆特派办审计组开展了有关调查工作。

[记者]宏达公司违规用9000万元灾后恢复重建资金增加注册资本的事情是否属实？

[负责人]审计调查发现，宏达公司是四川省三台县政府下属的投融资平台公司，三台县宏达土地房产开发有限公司（以下简称“宏达土地房产公司”）是宏达公司的全资子公司，负责具体管理宏达公司承担的灾后恢复重建项目。

通过审计核实，2009年12月30日，三台县国资委批复宏达公司将其中央灾后恢复重建资金中的9000万元用于增加公司注册资本。12月31日，三台县财政局将宏达公司8167.89万元中央灾后恢复重建资金转入该公司设在财政局国库集中支付中心的财政专户。当天，四川三正会计师事务所根据对上述资金的询证，确认宏达公司增加注册资本到位。这笔资金在上述财政专户停留10天后，于2010年1月11日全部转入宏达土地房产公司灾后重建专户，用于三台县党政基础设施、政府办公楼维修加固和乡镇公职人员周转住房等规划的重建项目，没有投入其自身经营性房地产开发。实质上，宏达公司上述行为属于用灾后恢复重建资金进行虚假注资，违反了国家有关规定。

[记者]媒体反映的三台县违规开发涪江河滩地又是怎么回事？

[负责人]2008年2月，三台县政府决定，由宏达公司牵头对涪江和凯江防洪堤外国有河滩地进行开发利用，该项目虽然未纳入汶川地震灾后重建规划，也没有使用灾后重建资金，但在防洪堤坝内修建房屋和餐馆等建筑物，违反了《中华人民共和国防洪法》和《中华人民共和国河道管理条例》等规定，

也是不允许的。

[记者]根据你们掌握的情况看，截至目前，上述违规问题是否已得到整改？

[负责人]媒体曝光后，四川省委、省政府，绵阳市委、市政府和三台县委、县政府迅速采取措施，积极组织调查并进行了整改：一是对涪江河滩的违规开发建筑进行了拆除；二是成立了宏达公司注册资本金问题整改工作领导小组，对宏达公司的灾后重建资金及实施的项目进行全面清理，纠正存在的问题。截至6月1日，三台县委已经免去了宏达公司原董事长、现任三台县委办公室副主任兼保密局局长黄海燕，以及水务局局长何勇、副局长涂庆国的党内和行政职务。目前，绵阳市、三台县两级已经启动对相关责任人的问责程序。

[记者]请您谈一下今后审计署对汶川地震灾后恢复重建跟踪审计工作的安排？

[负责人]按照国务院统一部署和审计署2011年审计工作安排，审计机关将本着对国家、对人民和对历史高度负责的精神，加大跟踪审计力度，继续对汶川地震灾后恢复重建后期资金和未完工项目进行跟踪审计，重点检查产业重建资金管理使用和党政机关办公场所及业务用房、文化体育设施等重建项目建设情况，并对已完工项目开展竣工决算审计。审计中将继续坚持"边审计、边整改、边规范、边提高"的原则，遏制腐败发生，促进提高管理水平，节约重建资金，切实发挥审计监督在保障灾后恢复重建工作中的"免疫系统"功能。

今后，我们将继续关注网络民意，重视舆情民声，回应社会关切，不断扩大审计工作的开放性和透明度，切实把审计监督与舆论监督和社会监督有机结合起来，形成监督合力，共同做好我们的工作。

案例讨论题：

1.在突发公共事件中的"审计期望差"是如何形成的？

2.灾后恢复重建跟踪审计应当如何防范审计风险？

本章参考文献：

[1]郑石桥.论突发公共事件审计本质[J]. 财会月刊，2020（09）：85-88.

[2]郑石桥.论突发公共事件审计目标[J]. 财会月刊，2020（14）：87-90.

[3]郑石桥，袁博.论突发公共事件审计客体[J]. 财会月刊，2020（11）：97-100.

[4]郑石桥.论突发公共事件审计内容[J]. 财会月刊，2020（13）：88-91.

［5］崔振龙，王长友.跟踪审计［M］. 北京：中国时代经济出版社，2014.

［6］刘树刚.新冠肺炎疫情经费物资跟踪审计探析.财务管理研究，2020（6）：45-50.

［7］李国友.社会保障资金管理审计定性处理处罚依据.北京：中国时代经济出版社，2020.